PAC分析研究・実践集3

# PAC分析

## ●支援ツールでここまでできる

PAC分析学会 編

ナカニシヤ出版

# はじめに

第３巻が出版されることになった。第２巻との間がずいぶんと開いてしまった。とにもかくにも出版にこぎ着けたことを喜びたい。

ところで，2019 年の夏シーズンは，PAC 分析の研修やワークショップを３つの学会で実施した。最初は，日本応用心理学会での研修「PAC 分析の理論と実施技法」（日本大学商学部）で，午前 11 時から１時間であった。２度目は日本混合研究法学会でのワークショップ「PAC 分析：質的・量的方法を組み合わせた日本発の研究法」（静岡文化芸術大学）で，午前９時から 12 時までの３時間。３度目は日本質的心理学会でのワークショップ（明治学院大学）「PAC 分析の理論と実践：技法の有効性を引き出すためのポイント」で，２時間であった。司会はいずれも，PAC 分析学会事務局長いとうたけひこ先生で，実施時間は異なるが，「研究テーマ発見の方法」「連想刺激の作成」「刺激文や，被検者の連想項目からなるクラスターの読み上げ方」「イメージ聴取の方法」「総合的解釈の方法」についての説明と実演であった。実施手続きや統計処理の方法ではなく，被検者が潜在的にもつ認知構造を探索し，暗黙のスキーマを引き出すための方法，被検者に長期記憶にアクセスさせるための技法を伝えようとした。連想項目は当事者である被検者が自身の認知的枠組みに沿って連想したものである。クラスターを第２次の連想刺激として，内面深くを検査者とともに探索していく。個人独自の経験やイメージに沿って喚起された連想反応とクラスターから誘発された，より深層のイメージ聴取の技術。そしてレヴィンの心理的場の構造や場の移行を図示したものを用いて，被検者と検査者の相互作用と，変容していくプロセスの実際を解説した。

それではなぜ，このような研修やワークショップを実施したのか。PAC 分析学会の大会で２年間，デンドログラムのイメージ聴取を内藤がステージで実演するのを聞いた知人や友人から，独創的な研究の創案に有用な「高度の実施技術を修得した PAC 分析専門家の育成」を急ぐ必要があると，アドヴァイスされたことによる。直截な表現は避け，婉曲ではあるが，現在 73 歳の内藤が直接伝授できる年月は限られているとの指摘である。PAC 分析の理論や技法は未だ発展を続けており，伝えるべきことは多い。内藤は，地方の小規模な町，福島県の伊達市霊山町掛田に移り，８人程度が合宿研修できるようにささやかな改築をした。希望者があれば２泊３日でも，３泊４日でも応じるようにしたい。また，10人を超えるような参加希望者がいれば，内藤の方から泊まり込みででかけることもしたい。研究・実践集会としての研修も充実していきたいと2020年に２つの地方での研修を企画した。ところが，コロナウイルスの蔓延が深刻となり，対面での研修が不可能となった。2020年度大会も１か月延長され，2021年１月23日と24日にネットでの遠隔で実施された（和光大学いとう先生主催）。23日は，内藤による研修と遠隔による聞き取りのデモンストレーションを実施。パンデミックにおいてもPAC分析の発展を継続していきたい。その後もZoomでの学会主催の研修が続いている。今回の研究・実践集第３巻の出版が学会のさらなる成長発展の契機となることを期待したい。

2021年11月吉日

PAC分析学会理事長

内藤　哲雄

# 目　次

# 序　章

## 臨床心理学的方法としてのPAC分析[1)]

内藤哲雄

PAC分析のPACは，Personal Attitude Construct（個人別態度構造）の略称であり，“パック”と発音される。この名称にすることを決定したときに，ある先生から「交流分析でのParent，Adult，ChildのPACと混同されるのでは」とのご懸念をいただいたが，個人ごとの特有な態度構造を分析したいとの思いが強く，この名称にこだわって変更をしなかった。今日のように，この用語が受け容れられ定着したことは意想外であり，喜びを感じる。PAC分析は，テーマに関しての自由連想，連想項目間の類似度評定，類似度距離行列によるクラスター分析，被検者によるクラスターのイメージや解釈の報告，検査者による総合的解釈を通じて，個人ごとに態度ないしはイメージの構造を分析する技法である。

筆者がPAC分析を創案した背景には，専門課程進級の学部3年次から13年間にわたり実験社会心理学を主専攻とした後に，6年6ヵ月ほど臨床心理学担当の教職に就き，再び元々の専門分野である社会心理学の担当に異動したという経緯がある。前職では臨床心理学が表看板であり，そのため心理判定員として児童相談所での実務にも従事していたのではあるが，「本当の専門は社会心理学なのだ」との思いを持ち続け，社会心理学と臨床心理学の研究発表を並行的に続けていた。それぞれの成果は別々の抽斗に収納され，2つの専門分野の視点やアプローチの違いに矛盾を感じることもなかった。ところが，社会心理学を表看板とするポストに異動したときに，副次的存在のように感じていたは

1　本稿は，福島学院大学大学院附属心理臨床相談センター紀要，第11号，pp. 3-8. に掲載された「PAC分析と心理臨床」のタイトルの論文をもとに作成したものである。

ずの臨床心理学を放擲することができなかった。もはや拭い去りがたいほどに，臨床心理学的な感性や発想が染みついてしまっていた。看板は裏も表も見分けがつかないほどに日焼けしていた。そして我と我が身の中で，２つの抽斗が同時に開け放たれてしまい，矛と盾のように鋭く対峙して，葛藤し渦を巻き始めた。すなわち，臨床の現場で，それぞれに独自の問題や個性をもつ子どもたちを療育し，親のカウンセリングを続けてきた後では，抽象的・平均値的な人間を描き続ける社会心理学の態勢に，疑問を感じざるを得なかった。馴染みのあるはずの社会心理学のどの教科書を読んでもしっくりこなかったのである。「社会心理学講座担当者」としてのアイデンティティによって自身を説得し割り切ろうとしても，「今ここに生きている実在の人間」「私やあなたという『個』」が欠落しているという実感を拭い去ることができなかった。

こうして，臨床においてカウンセリングが何一つ手に持たずに個別の対象や現象に肉薄するように，社会心理学においても個別の対象や現象に鋭く迫ることができないだろうか，と考えるようになった。しかも，技術の習得に長い年月を要し，理論的視点や主観が関与しやすい従来の臨床心理学的方法とは異なった，操作的でより簡便な技法を開発できないだろうかと感じた。そのとき，かつて大学院の学生時代に感じていた「個人独自の態度構造」をとらえようとの思いが蘇った。臨床の実践においてそうであるように，被検者は１名でよいのだ。平均値も分散も必須要件ではない。繰り返しデータはいらない。個人や単一集団の独自性や特有性，個の持つ豊穣を分析したい。しかも個々の要因分析ではなく，刻々と変化していく全体構造をとらえたい。これができれば，長期にわたる膨大な個別事例の情報を，直観を駆使しながら分析していく，従来のいわゆる事例研究法（Allport, G. W., 1942）の呪縛から，個性記述的研究を開放できる。膨大な変数が総合的に関与する事例の，操作的科学的研究への道を切り開くことができる。そう感じた。何がなんでも技法を開発せずにはいられないという気持ちになった。PAC分析の着想は，操作的・実験的・統計学的な手法を一般とする社会心理学に従事した後での，間主観的・カウンセリング的・事例記述的な手法を用いる心理臨床の経験なしには成立しなかった。今現在の筆者には，あのときの強烈な実感が湧いてこない。変革や創案とは，そのとき，その場での感動や強烈な問題意識によってなされるものであろう。

## 1. 2つの普遍性と決定因

われわれの太陽系の惑星を太陽に近い順に並べると，水星，金星，地球，火星，木星，土星，天王星，海王星となる。これらの惑星について，鉄，アルミニウム，炭素，水素，酸素など，ありとあらゆる元素の質量を測定して，それらすべての元素が平均値となる惑星を探し出すことができるだろうか。平均値としての惑星は現実には存在せず，仮想的で理論的な存在でしかない。他方で，少なくとも現時点で，地球のように大気圏と気象があり，生物の生態系システムが存在し，馬からは馬が，人からは人が生まれる惑星は，少なくとも我らが太陽系では地球の他には存在しない。そして馬からは馬が，人間からは人間が生まれる原理には，例外がない。general で universal である。火山の爆発，台風やハリケーンの発生についても同様である。地球上に暮らすわれわれにとっては，地球上だけで存在する普遍性だとしても，かけがえのない普遍性である。ここでわれわれは次のことに気づかざるを得ない。地球上にも，万有引力の法則があり，宇宙のどこでも通用するロケット開発が可能なように，宇宙全体で通用する「共通的普遍性」がある。他方で，地球独自の事象としての「個別的普遍性」がある。魚の住む淡水湖に硫黄を投入する。次から次へと大量に投入していくと，やがてコバルトブルーの湖となり，それまで棲息していた生物のほとんどが死滅する。独立変数として変化したのは硫黄成分が圧倒的に増加しただけである。それでも湖の全体は大きく変化する。部分の変化が全体の変化に影響する原理として，心理学ではホーリスティックの考え方や，ゲシュタルトの法則が知られている。すべての個体にあてはまる共通変数だけで，あらゆる対象をとらえることができるのだろうか。これまでの科学では，普遍性とは疑うべくもなく，共通的普遍性ただ1つであった。特定の「個」だけに存在する普遍性など考える必要もなく，2種の普遍性の違いを意識してこなかった。

同様に，特定の個体における変化として，一度変化してしまったら元に戻れない現象がある。初めての就職，初めての結婚，初めての出産など，これまでの体験内容をすべて忘れて初めての体験を繰り返せるだろうか。元に戻して再体験することができないとか，一度体験したら質的に変化してしまう現象がある。すべての現象において，繰り返し測定することで得られる平均値が真の値に最も近いとは言えない。一度しか体験できないとか，質的に大きく変化してしまう体験については，「その時，その場で観察された，ただ1つの観測値」こそが，その時点での真の値に最も近いのである。

臨床においては，「なぜこの人はこうなのか」。その人の存在の特有性（問題行動や特性）を左右する決定的な影響力をもつ要因（すなわち決定因）とその仕組みに着目する。伊東（1996）は，人間を主体的，独自的，創造的，歴史的，社会的，超越者的，全体的な存在であるとしている。そして真の事例研究は，次のようなものであることを主張する。

「一回一回の，また一人ひとりの事例に『普遍性』を見いだすことにその生命がある。いいかえると，一例をもって，人間一般に共通する原理を集約することができる，ということである。個人の世界において，その『個』の本質を明らかにすればするほど，『人間の本質は何か』という主題への普遍性が得られるし，真の教育の価値も解明されるというのは，人間の本質と教育は，自然科学の対象ではなく，人間科学の主題であることを物語っている，といえないだろうか」（傍線は筆者内藤による）。

さて，上記の「われわれの太陽系と地球」の論考から出発して，普遍性について「共通的普遍性」と「個別的普遍性」の2つの概念を得たわれわれにとっては，臨床の実践においては，「共通的普遍性」を発見することだけに価値があり，それを解明することが不可欠だとは言えない。臨床の実務では，当該個人や当該集団（治療集団や学級のように，集団を特定の「個別集団」として扱うとき）への治療的な介入における「その時その場での（here and now）」変化を重視する。すなわち臨床実践では，体験内容によって変化していく，当該個人（あるいは当該集団）のその時その場での決定因とその仕組みである「個別的普遍性」をこそ解明すべきであると言えよう。心理テストとして利用される「価値態度尺度」は，価値観の主要なカテゴリーが人によって異なることを示している。そして体験によって価値観は変化していく。別言すれば，臨床の世界では，唯一者としての「個別的普遍性」とその変化過程が重要な意味をもつ世界である。誰にでも適用できるという点で多大の価値をもつけれども，説明率が10%の共通要因よりも，特定個人の存在や行動を大きく左右する主要な決定因とその仕組みこそが明らかにされるべきである。筆者も，単一事例から人類全体に通有する共通的普遍性を発見することを望まないわけではない。科学的態度として，共通的普遍性を発見しようとする姿勢や方向づけは重要である。そうではあるが，臨床実践においては，まずもって個別的普遍性の解明を目指すこと，すなわち徹底した「個」へのアプローチが求められる。その指向性が担保されたうえで，共通的普遍性の発見を求めることであろう。注目すべきは，共通変数かそれとも個人変数か，固定的で緩やかに変化する現象かそれとも刻々と変化する現象か，何度でも元に戻って繰り返せる事象かそれとも非継続的，非連続的で変質する事象かなど，何を検討するのかの前提を抜きに，「多くの標本を対象とし，それらに共通する変数だけが有用であり，繰り返しの観測こそ真の値に近づく」との頑な信念は，偏見的信仰であると言えよう。

## 2. その時，その場での個別性

対象者がその時，その場でつかんでいるものを，無意識や潜在意識の範囲までも含めて観測するにはどうしたらよいのであろうか。心理学の専門家ならすぐに思いつくのが「自由連想」である。自由連想によって，無意識を含めた精神的内面を探索できることを治療実践場面で実証したのは，精神分析家のS. Freud や C. G. Jung である。認知科学では，連想は長期記憶に対するアクセスと呼ばれ，連想しやすさをアクセシビリティと呼ぶ。アクセシビリティを換言すれば，意識化の容易さである。その人が何を認知しやすいのか，何に関心をもつのかの指標となる。アクセシビリティの高い項目が認知的な枠組みを構成するとき，それをスキーマと呼ぶことができる。スキーマは行動を方向づける。スキーマは記憶のネットワークでもある。PAC 分析では，記憶ネットワーク上での近さを，連想項目間の類似度評定，類似度距離行列によるクラスター分析によって解析しようとする。被検者がその時その場で感じるものを方向づけ，コントロールするのが「連想刺激」である。別言すれば，何を連想させるかを決定づけるのが連想刺激である。臨床実践であれ，臨床研究であれ，「何について，何と何の関係について」連想させるかが，分析の成果を大きく左右する。PAC 分析の実施技術に習熟してくると，最終的な成果の 90％は連想刺激によって決まると言っても過言ではない。対象者の連想反応は，当該対象者が，自身がもつスキーマに沿って作成した調査票での項目群となることを意味する。西村（2006）は，『心理査定実践ハンドブック』の質問紙法概説の中で，PAC分析を「心理面接内容を質問紙化し，それに対する分析を行い評定を行って次の面接を方向づけていこうとする」ものとして質問紙法の中に含めている。心理テスト作成者や研究者の判断枠（スキーマ）に沿って選択されるのではなく，当該事象に関わる当事者本人が自身の問題に関連する項目を連想して作成することになる。当該個人特有のものであり，事前に検査者が知ることはできない。項目間の類似度距離の評定もまた当事者自身による。徹底して対象者個人の内面世界に迫ろうとする技法である。

上述のようにして，その時その場での当該個人特有の連想項目が収集され，個人の記憶ネットワークが探索される。ここで問題となってくるのが，連想項目の内容である。それらは辞書的意味だけでなく，個人特有の体験内容，エピソードや感情，個人的ニュアンスを含んでいる。多標本調査では，それぞれの個人に特有なものは，極論すれば，該当するのはその個人にだけであり，それぞれの個人によって異なる。個人特有なものについては他の該当者がなく，統計的には残差成分として排除される。このため，多標本調査では，最終的に残存する変数は，治療者や研究者たちにも適合し理解できる共通変数が残る。それゆえ，そのイメージについて，当該個人から聞き取らなくても，治療者や研究者が単独で解釈することが可能である。他方PAC分析では，個人の特有性が排除されない。そこで，これまでの統計データの解釈法と異なり，対象者がどのようなイメージやニュアンスをもっているのかを，とくにクラスターなどの構造解釈に際しては背後にある個人的イメージでのつながりを，聞き取らないと理解することができない。ここではじめて，主観的なデータ構造に関して，間主観的な解釈，了解的解釈技法が取り入れられることになる。多標本調査でのデータ解析のように単一個人の内界を外在化するけれども，データ構造についてのイメージや解釈を当該個人から聞き取る。被検者の「語り」を治療者や研究者が間主観的に了解することでその意味を共有化していく。被検者が1名だからこそ可能な方法である。「多変量解析を援用するカウンセリング」のようなイメージである。被検者の内界のデータ構造を，被検者自身の内界イメージの意味づけに沿って解釈していくことから，内藤（1997，2002）はこれを「現象学的データ解釈技法」と呼んでいる。検査者との対話により（実際には検査者の発言のほとんどはオープン・クエスチョンであるが），外在化された被検者の内界に関するエピソードが被検者自身によって語られ，被検者自身が構造の意味に気づいていくプロセスは，カウンセリングそのものであり，物語療法でもあると言えよう。

被検者の多くが，解釈を試みた後で，「いままで意識するとか気づくことはなかったが，腑に落ちる感じがする」と報告することが多い。「腑に落ちる」との表現は，認知的な理解だけでなく，情動的・感情的にも符合すると感じていることを示唆する。個人体験に関連する微妙な感覚，感情，思いを表現する自身の言葉とそれらの言葉からなるクラスター構造が二次的連想刺激となるとき，連想価は重層的で飛躍的に高まってしまう。クラスター構造と，それらを構成する連想反応は，治療者や研究者からの事前説明やカウンセリングなしに，すべてが被検者の直感（直観）に基づいて連想，評定され，パソコンでの統計処理によって析出されたものである。個人情報が束となり連想刺激となることで飛躍的に高い連想価が生じ，潜在的イメージが自発的に浮かんで来てしまい，検査者やカウンセラーの恣意的な解釈として拒否するとか，否定することが困難である。クライアントは「自らが知っている以上のものを（潜在構造として）とらえており」，検査者と同行しながらその構造の意味を発見していくという事実に，驚きを禁じ得ない。カウンセリングを10セッション続けても解明できないような構造を2時間から3時間で得られることが多い。筆者自身の経験でも，C. R. Rogersの「クライアントは自らが知っている以上のものをとらえている」との卓見を，しばしば実感させられた。記述統計の技法を援用しながら潜在意識や無意識に迫ることで，分析のための治療期間の節約となることから，短期療法としても機能する。ただ，連想価が著しく高まり個人体験の内面深くを探索させることから，被検者が気づかないように防衛しているコンプレックスに直面させる危険がある。侵襲性の高い技法である。心理臨床などの経験が不十分な場合には，コンプレックスに迫るテーマは避けるべきである。

ところで，調査で一人に2時間もかけるのは多すぎると感じる人がいる。逆説的であるが，2時間も自らの内面を探索し続けてくれることは，通常ではあり得ない。自身の内面構造であるデンドログラム（クラスター構造）が提示され，これを手掛かり刺激として連想していく。視点を何度も換え，多面的・重層的に探索を深めていくからこそ1時間を超えての吟味が可能になる。実際に，連想反応から構成されたデンドログラムの提示なしに，白紙の状態で頭の中でだけでイメージして探索していくのは著しく困難である。

さて，とくに事例研究において有効なのが，多標本データで出現するいくつもの共通変数に覆われることなく，個別事例特有の特徴を析出でき，重要な関連変数を発見して仮説を生成できる点である。例えば異文化適応などの研究において，社会階層，社会経済的地位，学歴，下位文化の違いなどが重なり合って影響する現象では，単一事例でならあたかも典型例のように析出できる決定因が，多標本調査ではそれぞれの対象者によって異なる決定因が幾重にも重なることによって，それぞれの要因の効果が希薄になり，残差成分となることで発見されなくなることが少なくない。異文化研究の例のように，多くの要因が関与する事象では，個別の決定因を抽出するのにPAC分析のような事例研究法が有効である。

## 3. クラスターイメージの聞き取り（同行（どうぎょう）するということ）

カウンセリングがうまくいく相手（クライアント）は，自身の情動や感情を探索することができる人，イメージする人であると言われる。逆に，理詰めで認知的に処理する人は素早く回答するが，探索が内面深くに届かないと言われる。別言すれば，関連するエピソードや情動や感覚に至るまでの長期記憶全体に向かって探索できるかどうかが，イメージ探索の深さを左右する。そのための方法が，被検者（クライアント）に寄り添い，あたかも弘法大師が巡礼者に対するように，内界を同行する聴き方である。被検者が内界を探索し，長期記憶にまで至ることができるように，探索のためのゆとりを確保することである。それには検査者自身が被検者に寄り添って，被検者の内界を一歩一歩一緒に歩きながら，共感的にイメージすることである。そのような訓練を積んでいるうちに，検査者が実際にイメージしなくても，被検者がイメージしながら探索するスピードや間の取り方，休息をコントロールできるようになる。イメージ療法でのように被検者のイメージする内容を誘導することも可能になる。「他にはどうですか？」の繰り返しの質問そのものが，「誘導刺激」でもある。現実には，検査者は誘導を意識せずに，無意識，無意図的に，全身，全感覚で，同行しているのであろうが。

連想反応を引き出すときの連想刺激文の読み方もそうなのだが，クラスターを構成する連想反応項目を検査者が読むスピード，抑揚，間の取り方に，被検者がシンクロナイズしてきて，被検者に長期記憶をゆったりと探索させる形になるようにすることである。少なからぬ被検者は，当初は認知的に構えて質問に答える構えをしがちである。検査者は相当にゆったりとしている，ゆったりし過ぎだと感じるぐらいが，被検者が丹念に探索するスピードである。検査者自身も共感的に自身の内面を探索すると，イメージする内容にずれがあるとしても，（同じ人間として生物学的に共通する）脳内を探索するスピードが被検者の探索するスピードと符号する。そして，項目を読み上げるスピードをゆったりとしたり，被検者の回答をゆったりとオウム返しすることで，被検者が探索するスピードを検査者のスピードに同期（synchronize）させる。

反射的にすぐにイメージする内容や辞書的意味だけでなく，通常は意識していない感覚まで引き起こされて，体験内容や連想されるイメージがアクセスされ続けたときに，自我防衛によって隠蔽されているとか，暗黙裡に保持されていた連想が意識に浮かんでくる。筆者は，技法開発当初には，クラスターの「被検者による解釈」を聞けばよいと思い込んでいたが，実際には，解釈ではなくクラスターから連想されてくる被検者のイメージを聞き続けている方が，被検者の暗黙裡の内面構造により迫っていくことを実感するようになった。被検者当人であっても，はじめから意識化できているとか，本質を理解できているわけではない。イメージ聴取の段階での連想の連鎖が手掛かりとなって，情報が追加蓄積され，次第に理解枠が変化し始め，気づきが生まれるのである。

そのことが容易となるように，とくに初心者は，読み上げているときに検査者自身が「内容や場面を連想しながら読み上げるのがよい。検査者と被検者がもつ，感覚や長期記憶を探索するスピードや間（ま）という「人間誰しもがもつ共通性」「（検査者自身の）他の人と変わらぬ平凡な特性」を活用して，被検者に共感しながら感じることである。日頃の生活の中で友人と会話をするときに，話すスピードを速くするとか，逆にゆったりすることで，スピードの効果の違いを感じることができる。速くすると，相手は素早く認知的に応答するようになる。スピードを落としゆったりと話すと，友人は自分自身の感覚や情動を感じながら話すようになる。相手が話し，内面を探索するスピードは，こちらが話すスピードにシンクロナイズしてくる。また，検査者が読み上げるとき，読点(,）の半分の間を入れると，被検者自身は気付くことがなくても，主語や述語の各項目の一つ一つを確認しながら長期記憶を検索することが可能になる。「高い空から淡い雪がふわふわと降ってきている」を「高い空から 淡い雪が ふわふわと 降ってきている」のように，読点の半分の間を入れて読み上げると，情景がくっきりと目に浮かぶようになる。「言葉としての連想反応」ではなく，「連想イメージが感覚や情動とともに喚起され」，過去のエピソードや個人的ニュアンスが浮かんでくる。連想反応項目やクラスターは，①辞書的意味だけでなく，②その言葉に関連する個人体験，③個人体験から生じるイメージ，④感覚，⑤情緒などをも引き出す，〈第二次の連想刺激〉でもある。連想項目やそのまとまりであるクラスターから生じてくるあらゆる感覚にフォーカスすることで，被検者は自身の内的世界，現象世界をより深く感じ，探索することができる。そして「他にはどうですか？」，「他にはどうですか？」と，末尾の抑揚をあげて疑問形になるように，感覚を探るようにゆったりと語りかけることで，探索を促し続ける。検査者がこの構えを持続することによって，被検者は心の内面深くに隠されていた体験的意味や実存的意味を発見することになる。ただし，まったく同じ質問文では被検者に飽和が起きてしまう。

**「他にはどうですか？」「他にはどうですか？」「他にはどうですか？」「他にはどうですか？」「他にはどうですか？」**と，声に出してみてください。飽き飽きする感じが生じてきませんか。これを次のように変えるだけで飽和が生じなくなります。読んでみてください。

**「他にはどうですか？」「他にはどうですか？」「その他にはどうですか？」「他にはどうですか？」「他にはどうですか？」**，3回目に「その」が加わっただけで印象が違ってくる。

さらに次のような方法を使うことも多い。被検者が「ありません」とか「もうありません」と答えたときに，「それではどんな内容でまとまっていると感じますか？」と質問文を返す。続いて，**「他にはどうですか？」「他にはどうですか？」「その他にはどうですか？」「他にはどうですか？」「他にはどうですか？」**と探索を促す質問を繰り返す。

以上のようにして，繰り返しを通じて被検者のスキーマに迫っていくことで，通常では探索が及ばない決定因や仕組みに気づかせ，それらのイメージ化，言語化を促す。さらに次の点に留意することが重要であろう。データの組み合わせから検査者が「きっとそう」に違いないと推論することと，被検者が「そのように」言語表明することの間には決定的な違いがある。前者は，あくまでも推論に過ぎない。後者は被検者の内面世界から引き出された記録可能な客観的事実である。「被検者自身が気づき，語った」ことは科学的エビデンスとなり得るのである。

クラスター間の比較は，対比効果により，それぞれのクラスターの特徴が明確になる。コンプレックスの下位構造の輪郭が明確になるとも言える。表面的，認知的，論理的解釈に終わることなく，内界を探索させる，別言すれば辞書的意味や連想的意味や，体験的意味の長期記憶へのアクセスを持続できるようにすることである。

連想されたそれぞれの項目単独でのイメージを丹念に聴き取ると，辞書的意味を超えた体験的意味や体験に関連した連想的意味が報告されることが少なくない。なぜその項目が連想されたのか，なぜ関連するものとして結節したのか，他の連想反応との結び付きの意味を了解できることが多い。

以上の聞き取りの後に，＋－0のイメージを聴き取るのが有効である。と言うのは，最終的な＋－0は体験や連想によって規定されるので，それらを総合してから訊ねるのがよい。例えば，「失敗が多い」が＋イメージとして答えられることがある。「＋？↑」と抑揚をあげて反問すると，「つらいけど，成長のヒントが得られるし，闘志がわくからである」と答えたりする。被検者の主観的世界での＋－0イメージ，すなわち体験内容が問題なのである。0項目は，感情がわき起こらない項目であり，ガラスの向こうの世界を眺めるような，自己疎隔感を表すことが多い。

## 4. 臨床での多様な利用法

PAC分析は，自由連想に基づく多変量解析の構造を，被検者と検査者が，あたかも巡礼者と弘法大師のように同行（どうぎょう）し，オープン・クエスチョンによって探索を促し，相互補完的にかつ協同的に（象徴的）意味を発見していく。(特定の疑問点ついて対話しながら確認したいときは，クラスターイメージの聴取が終わった段階で聞くとよい。被検者が「終わった」と感じて緊張がとれ，率直に開示してくれることが多い。) このPAC分析の現象学的データ解釈技法は，態度やイメージ構造の分析に限定される。しかしながら，特定個人のイメージ構造の診断や，多くの変数が関与する現象での主観的要因の発見に適している。個人診断という点では，K. Lewinの提唱した葛藤や心理的場の構造を解明することを可能にする。また，自由連想の個人構造は，C. G. Jung，の理論でのコンプレックスでもあることから，個人のコンプレックス構造の診断に利用できる。系統的脱感作法での不安階層表のように，従来の技法でも，単一個人を対象として主観が測定されているが，より範囲を拡張し，ストレス刺激，ストレス反応，対人行動，防衛機制，対処機制なども測定することで，ストレス全体について分析し，治療目標や治療方法の診断的評価に活用できるであろう。クラスター構造は，原因や症状に対する被検者本人にとっての感情や認知から構成されており，それらの項目とメカニズムの解明は認知行動療法に応用できる。対話によって本人に構造の理解を促すという点からは，認知行動療法とカウンセリングを統合する技法であると言えよう。同時にクラスター構造とその了解心理学的な解釈による総合的診断は，実証に基づく診断（evidence-based diagnosis）につながり，第三者へのコンサルテーションでの客観的な資料（ツール）となる。PAC分析の結果を検査者が了解していくプロセスは，第三者が了解していくプロセスにもなり得るからである。井上（1998）はそのようなPAC分析の客観的な役割を「間接的精神間機能分野」と呼び，[記述記録機能]・[実務説明機能]・[調査査定機能] の3つの機能に分類している。

## 5. おわりに

現在では，PAC 分析を用いた研究が，心理学分野に限らず，日本語教育学，異文化間教育学，看護，保育学，建築学，農学，商学など多くの分野で見られるようになった。卒論，修論だけでなく，博士論文でも利用される技法として発展してきたが，その歩みについて触れておきたい。

内藤が PAC 分析の研究に着手したのは日本心理学会第 55 回大会での平成 3 年の発表（内藤，1991）で，信州大学人文学部の紀要に「個人別態度構造の分析について」が掲載されたのが平成 5 年（内藤，1993），『PAC 分析実施法入門 :「個」を科学する新技法への招待』を上梓したのが平成 9 年（内藤，1997）である。入門書の改訂版は平成 14 年（内藤，2002）に発行で，平成 29 年に改訂版 6 刷り。研究開始からは，すでに 30 年間が経過している。

学会組織としては，平成 18 年（2006 年）に PAC 分析学会発会，平成 19 年（2007 年）に第 1 回 PAC 分析学会大会開催。平成 28 年（2016 年）より学会ホームページを開設し，平成 29 年（2017 年）には待望の学会誌『PAC 分析研究』第 1 巻が発刊された。

平成 6 年（1994 年）から獲得した，付録 A（p. 14 参照）に記載した PAC 分析関係の科学研究費補助金は，研究の推進に大いに役立った。とくに最近では，国際学会や外国学会での発表を促進することとなった。これによって国際学会や外国学会での発表を海外学術誌に投稿するようにとの要請や海外の出版者から刊行の依頼の E メールが届くようになった。また最近では，心理学以外の分野でも，PAC 分析の技法を用いた科学研究費補助金による研究が見られるようになった。

また，質的研究法と量的研究法の統合的アプローチに関する学会 MMIRA（Mixed Method International Research Association）およびその日本支部での日本混合研究法学会をはじめとして，研究技法としての PAC 分析が着目されている。ICP（国際心理学会議）2016 では PAC 分析の技法についての招待講演が，日本パーソナリティ心理学会の第 26 回大会（2017 年）委員会からは PAC 分析の講習会「シングルケースを操作的，質的，量的に診断・分析する

PAC分析：パーソナリティにおける個人特性アプローチとして」の要請があった。技法開発から30年。さらなる歩みが期待されている。

## 文　献


Allport, G. W.（1942）. The use of personal documents in psychological science. *Social Science Research Council Bulletin, 49.* New York, NY: Social Science Research Council.（G. W. オールポート　大場安則（訳）（1970）. 心理科学における個人的記録の利用法　培風館）

伊東隆二（1996）. 展望／教育心理学の思想と方法の視座：「人間の本質と教育」の心理学を求めて　教育心理学年報, *35*, 127-136.

井上孝代（1998）. カウンセリングにおけるPAC（個人別態度構造）分析の効果　心理学研究, *69*(4), 295-303.

内藤哲雄（1991）. 個人別態度構造の分析：過去・現在・将来での重要項目による　日本心理学会第55回大会発表論文集, 234.

内藤哲雄（1997）. PAC分析実施法入門：「個」を科学する新技法への招待　ナカニシヤ出版

内藤哲雄（2002）. PAC分析実施法入門：「個」を科学する新技法への招待［改訂版］ナカニシヤ出版

Naito, T.（2016）. *Analysis of Personal Attitude Construct for diagnosing single cases operationally, qualitatively and quantitatively.* The 31st International Congress of Psychology（Program, ICP 2016）, 73. Yokohama, Japan.

西村洲衛男（2006）. 質問紙法概説　氏原　寛・岡堂哲雄・亀口憲治・西村洲衛男・馬場禮子・松島恭子（編）心理査定実践ハンドブック（pp. 400-403）　創元社


## 付録A

一般研究C　平成6年度科学研究費補助金　個人別態度構造に関する研究（研究代表者：内藤哲雄, 研究分担者なし）

基盤研究C（2）　平成13年度～平成15年度科学研究費補助金　留学生の孤独感の個人別構造分析（研究代表者：内藤哲雄, 研究分担者なし）

基盤研究C（2）　平成16年度～平成19年度科学研究費補助金　留学生の異文化間藤の個人別構造分析　（研究代表者：内藤哲雄, 研究分担者なし）

基盤研究C　平成18年度科学研究費補助金　紛争地における平和構築のストラテジー調査のためのPAC分析の活用（研究代表者：佐々木陽子　研究分担者：内藤哲雄）

基盤研究C　平成20年度～平成23年度科学研究費補助金　外国人と日本人の相互理解における認知的・情意的側面に関する実証的研究　（研究代表者：安　龍洙／連携研究者：八若壽美子, 池田庸子, 藤原智栄美, 内藤哲雄）に連携研究者として参加

平成23～25年度科学研究費助成事業（学術研究助成基金助成金）基盤C「異文化間

対人コミュニケーションの葛藤と不適応」（研究代表者：内藤哲雄，研究分担者なし）

平成 24～27 年度科学研究費助成事業（学術研究助成基金助成金）基盤 C「外国人と日本人の相互理解に関する質的実証研究」（研究代表者：安　龍洙／研究分担者：金　光男，内藤哲雄，藤原智恵美，杉浦秀行，池田庸子，松田勇一）に研究分担者として参加

平成 26～28 年度科学研究費助成事業（学術研究助成基金助成金）基盤 C「異文化間非言語対人コミュニケーションの違和感と適応」（研究代表者：内藤哲雄，研究分担者なし）

平成 29～31 年度科学研究費補助金（学術研究助成基金助成金）基盤 C「異文化間対人コミュニケーションの違和感と不適応：地位と性の影響」（研究代表者：内藤哲雄，研究分担者なし）

平成 29～令和 2 年度科学研究費助成事業（学術研究助成基金助成金）基盤 C「日本社会における外国人と日本人の異文化相互理解に関する質的実証研究」（研究代表者：安　龍洙）に研究分担者として参加

# 第1章

# PAC分析支援ツールPAC-Assistについて

土田義郎

## 1. はじめに

PAC分析では最初の手続きとして自由連想を行う。その連想語を記録し，任意の2つを提示する。20個の連想語があったとすると，20 × 19 ÷ 2 = 190回の一対比較をすることになる。比較回数は連想語の総数の2乗に比例する。数が増えるほど回数は飛躍的に多くなる。面接の序盤に時間が長くなってしまうと，被検者が疲れることで回答に的確性を欠くことも考えられる。また，中断があった場合には判断基準が変化することも考えられなくもない。自由連想から主観的類似度の一対比較までは，なるべく迅速に作業を進めることが回答の妥当性を高めることになる。

また，自由連想項目の提示順序を完全にランダムにすることは，すべてを手作業で行おうとした場合は難しい。ランダムになっていないと系統誤差が生じることもある。カードと照らし合わせながら記録していくなかで，間違った入力をしてしまう可能性もある。

もう一つの問題として，7段階や10段階のような限定的なカテゴリーを用いた類似性の判断を行うと，どうしても同じ値となる対が必然的に複数出現する。このような場合には，クラスター分析を行うソフトによって，異なる結果が現れることが知られている。これはソフトのアルゴリズムによって生じる問題である。整数値の判断である限り，これを回避することは難しい。本質的には同値が複数あっても安定的にクラスターを生成するようなアルゴリズムを考えることが必要になる。統計的な手法としてこういったものはいまだ考案されていない。姑息的な方法であってもこのような状況が生じないような方法も必要である。

以上のような問題は本質的な分析を行ううえでの障害となるため，できるだけ排除したい。PAC分析の一対比較を支援するツールをパソコン上のソフトとして作成することを試みた。方針としては，(1) ランダムで待ち時間のない連想語の対の提示，(2) 連想語同士の直感的な類似度判断，(3) 同値になりにくいような類似度判断，といったことを実現する。ここではそのツール（以下PAC-Assist）の開発方針を実際の使用法とともに解説する。バージョンは20160330版に基づいた内容としている。

## 2. 支援ツールの特徴

### 2-1　比較対の迅速な提示

あらかじめ比較対の順序を決定し，類似度の判断終了後に速やかに次の比較に移れるようにする。画面に提示される連想語の対に対して，類似度の判断をした後に，直ちに次の対の比較に移るため効率よく進めることができる。

### 2-2　比較対の提示順序のランダム化

自由連想語の提示は，得られた連想語をそのまま順番に比較する方法と，無作為に2つの連想語を抜き取って比較する方法が考えられる。実験心理学的には系統誤差をなくすために後者の方法がよいとされる。しかし，人間がランダムに選択しようとしてもどうしても偏りが出てしまう。パソコンを使用することで完全にランダムに提示することができる。

また，どちらの連想語を先に提示するかによっても偏りが現れることも想定される。そのような偏りを回避するために，一対の連想語の順序を入れ替えて2回比較することを最初のバージョンでは仕様としていた。しかし，一回のみの比較ということも意味があるという考え方もあり，被検者の作業上の負荷が増大するという弱点もあることから，2006年のバージョンアップによって1

回のみの比較とするか，順序を入れ替えた2回の比較とするかを選択できるようにした。

## 2-3　作業ストレスの軽減

いつまで続くのかわからないような先が見えない作業は，被検者に与えるストレスが大きい。2004年のバージョンアップにより，終了までの比較数を表示させるようにした。また，間違えてクリックした時に備えて前の比較に戻ることができる機能も付加した。これらの設定によって，心理的な負荷を低減することができる。

## 2-4　直感的な類似度の評価

PAC分析では，被検者は類似度を数字に置き換えて表現する。頭の中で数字に変換するというのは，実は心理的な負荷となる。スクロールバーを使って視覚的な尺度としてとらえながら入力させることで，より直感的な関連性の強さが得られるようにした。

また，実施者が記入する表の列を1つ間違えるなどの事態は，生じたとしても後から気づくことはほとんどできない。PAC-Assistではスクロールバーで被検者が直接操作するので，実施者の手続き上の勘違いなどによる入力のミスが少なくなる。結果として，精度の良い分析を短時間で実現できる。

スクロールバー以外でも，直感的に類似度を判定させる方法も考えられる。テキスト同士の距離を変えることなども一つの方法である。その場合，左右に並べるとテキストの長さが見かけの距離に影響する可能性があり，上下に並べるとどちらかが上位のものと感じられてしまうのではないかとの懸念がある。そういったバイアスをできる限り排除するためには，心理評価で用いられる評定尺度に近い単純なスクロールバーが適していると判断し，PAC-Assistでの仕様とした。

## 2-5　類似度評価の高解像度化

スクロールバーには10段階のスケールを目安のために付しているが，数値処理上は1000段階の分解能を持たせている。クラスター分析の尺度としては，その絶対値は問題ではなく，相対的な比率が保持されていればよい。ソフトによっては自動的に規準化してしまうものもある。

クラスター分析を行う際に，同じ非類似度のペアが複数あると解が安定しない。その場合，デンドログラムの統合順は統計ソフトのアルゴリズムに依存することになる。尺度の分解能を上げることで，同一の値をもつペアの存在確率を小さくすることができるので，解の安定度が増し，どのような統計ソフトを用いても結節の順序が同じデンドログラムを得ることができる。

結節の描画には，一つの項目に統合させるように表すもの（HALBAU など）と，トーナメント図のように表すもの（SPSS，R など）があるが，それは統計処理上の問題ではなく表示の問題である。面接時の教示によって表示の違いの問題はある程度回避できるであろう。

# 3. 使用方法

## 3-1　動作条件

PAC-Assist は Microsoft 社の表計算ソフトである Excel のマクロ言語である VBA（Visual Basic for Applications）を使用して実装されている。必用な環境としては，Windows の動作するパソコンが必要であるが，それほど高いスペックは要求しない。パソコン本体に Excel がインストールされていることが必須である。Excel のバージョンは 2000，2003，2010 にて動作確認をしている。

なお，Excel のセキュリティーレベルによっては VBA が動作しない。Excel 2003 ではメニューから「ツール」→「マクロ」→「セキュリティ」を開き，レベルを「中」か「低」にする。そのうえで再度ファイルを開くと動作するようになる。マクロを有効にするかどうかの確認が表示される場合には「マクロを有効にする」設定にする必要がある。Excel2007 以降は Office ボタンから「Excel のオプション」を押して「セキュリティ・センター」→「セキュリティ・センターの設定」を選んで「信頼できる場所」や「マクロの設定」を調整する。

Windows のバージョンは 10 まで動作確認している。タブレット型（マルチタッチ画面）であると，マウスを使わずに実際にスクロールバーに指で触れて操作できるので，より直感的な入力が可能である。

## 3-2　手　　順

実際にPAC-Assistを使おうとする場合，Excelファイルをダブルクリックして立ち上げるだけでよい。通常のソフトはインストールなどの操作を最初に行うが，PAC-Assistは独立したアプリケーションソフトではないのでそのような手間はいらない。必要な処理は，ファイルの中に埋め込まれている。

最初に現れるワークシートは「※説明」，「更新履歴」の2つである。立ち上げ時は「※説明」の画面となっている（図1-1）。この画面はツール使用における諸々の注意事項と扱い方の概略を示している。本稿を読まずとも，ファイル本体だけでも十分使い方は理解されるようにしてあるつもりである。なお，動作条件や統計処理の手続きなど，必ずひととおり目を通していただきたい情報についてはwebを参照してほしい。

「※説明」シートに表示される「はじめにお読みください」のボタンを押すと別ウインドウが開く。表示された説明を読み，ウインドウを閉じると，作業のための3つのワークシート「PAC分析メイン」，「非類似度行列（raw）」，「非類似度行列（対称化）」が新たに出現し，全機能が有効となる。

最初に「PAC分析メイン」シートを表示させる（図1-2）。ここには，自由連想の刺激文を記載しておく。インタビューの起点であり認知構造の分析の要となる重要な要素なので，慎重に検討しておきたい。

ここまでは実施者側が面接実施より前にあらかじめ用意しておく。これ以降は，被検者自身がパソコンを操作してもよい。

次の作業の自由連想は，シートの黄色いエリアに上から順に思いついた事柄を書き込む。行の挿入などはしないようにする。ここで出てくる言葉が自由連想語としての言葉である。プラスイメージかマイナスイメージか，それとも中立的なイメージかについては，一番右側の列に記入する。

右から2番目の列には「重要度」を記入する。全体を通した順序をつけても構わないが，項目の数が多いと難しいことがある。場合によっては5段階程度のランクづけが現実的なこともある。1が最も重要で，数が多い方が重要度が低いというルールのもとに数値化して表現した上で記入する。

また,「1.5」のように小数を用いてもよい。順序を後から修正したいときに,整数はすべて書き直す必要があるが,小数を使うことでその手間がなくなる。たとえば「1, 2, 3, 4,...」と順序を付けた後で別のものを3位より上にしたい場合はその項目を「2.5」のようにすればよい。

表の上には,ボタンとチェックボックスが並んでいる。左から3番目のボタンは「重要度を1位から順に並べ替え」のためのボタンである。連想語の並びを入れ替えて2回ずつ比較する場合には,1回比較のみにするためのチェックボックスのチェックを外す。右端の「比較開始」のボタンは,その後のステッ

PAC Assist Ⅱ - Excel

はじめにこちらをお読みください　　PAC分析開始

PAC-AssistⅡによるPAC分析の手順（簡易ガイド）

| ワークシート名 | 手順 | 順序と内容 |
| --- | --- | --- |
| PAC分析メイン | 1) | テーマ（連想刺激文）を決めます。 |
| | 2) | テーマに関して想起した事柄（自由連想項目）を書き出します。 |
| | 3) | それぞれの重要度の順位をつけてください。 |
| | 4) | 連想項目に対するイメージを＋、－、0のいずれかで記入してください。<br>想起順、重要度、イメージなどは必要に応じて分析に活用してください。<br>分析したい内容によっては5段階程度のランク分けで分析することも可能です。 |
| | 5) | 一対比較を2回行う場合はチェックボックスのチェックをはずします。<br>デフォルトは1回です。チェックをはずすと言葉の並びの左右を入れ替えて同じ組み合わせの比較を2回行います。 |
| | 6) | 「比較開始」のボタンを押すと、自由連想項目の類似度比較ウインドウが開きます。<br>関連性の強さをスクロールバーのドラッグで調節し、「次へ」のボタンを押し順次比較を行います。 |
| | 7) | 類似度比較を終えると、基準値選択ウインドウが開きます。<br>類似度比較に際して「似ている」と判断した時の目安をスクロールバーのドラッグで調節し基準値の設定を行います。 |
| 非類似度行列（raw） | 8) | 入力したままの形（Rawデータ）で非類似度行列が表示されます。<br>一対比較を行わなかった場合は対角要素のどちらか一方は空白です。 |
| | 9) | 「対象化」ボタンを押すと、対称化された非類似度行列が表示されます。<br>一対比較を2回行った場合は平均値、一対比較を2回行わなかった場合は同一の値が出力されます。 |
| 非類似度行列（対称化） | 10) | 「重複グループ化法」ボタンを押すと、連想項目ごとの非類似度の平均値の高い順に並び替えられた行列が表示されます。<br>このソートされた非類似度行列を基にグループ化を行います。<br>【対称化された非類似度行列を拡張子：CVS(カンマ区切り)形式で保存することにより、フリーソフトである「R」などを用いてクラスター分析が行えます。詳しくは付属のマニュアルをご覧ください。】 |
| 非類似度行列（並び替え） | 11) | 「グループ化の実行」ボタンを押すと、手順7)で選択した基準値をもとにグループを形成します。<br>下部にある「基準値以下の値を色分け」ボタンを押すと、設定した基準値より非類似度の値が低いものを色分けで抽出します。<br>グループに属さない独立した連想項目の数が全連想項目の数に対して2割を超える場合、ダイアログボックスが開かれ、基準値を再設定することができます。基準値を再設定する場合は手順11)´、再設定しない場合は手順12)へ移行し |
| | 11)´ | 表示された仮のグループ関連図を参考に基準値の再設定を行います。<br>「基準値変更」ボタンを押すと基準値選択ウインドウが開き、基準値を仮設定することができます。仮設定された基準値をもとに仮のグループ関連図が更新されるので、それを参考に最終的な基準値を定めてください。<br>「基準値確定」ボタンを押すと、基準値が再設定され手順12)の理由記述へ移行します。 |
| | 12) | グループ形成理由を記述するウインドウが開きます。<br>類似度により導出されたグループが表示されるので、なぜそのようなグループになったのか理由を考え記述します。 |
| 最終結果 | 13) | 理由記述を終えると、グループ関連図が表示されます。<br>グループに属さない独立した連想項目については、独立した理由をグループ関連図右側のテキストボックスに記述します。<br>テキストボックスを動かして自由にグループ関連図のレイアウトを変えることが可能です。 |
| 全シート | ※ | 各シートにある「保存」ボタンでデータの保存、「印刷」ボタンでシートの印刷ができます。<br>使用するPCによってはシートのレイアウトが崩れる場合があります。その場合、手動でセルの列の幅を変えることによって改善されます。 |

※操作説明

図 1-1　立ち上げ時の画面

プの一対比較に移るためのものである。このボタンは最後に操作することになる。

これらの入力をすべて終えた後，「比較開始」のボタンを押すと自由連想語同士の一対比較が始まる。連想語が多い場合にはしばらく内部処理の時間がかかる。図 1-3 のようなフォームが開き，左右の言葉を比較して類似度（関連性）を判断する。

類似度は 2 つの言葉の下にあるスクロールバーを左右に動かして評価する。

図 1-2 「PAC 分析メイン」シート

右は類似度が高く，左は類似度が低い。参考のためスクロールバーの下部に数値の尺度が示される。マウスの扱いに慣れていない被検者に対しては，同じ画面を見せながら実施者が「この辺ですか？」と確認しながら操作してもよい。Windows 8 以降を用いて，被検者にタッチパネルでドラッグしてもらうやり方でもよい。

図では10段階の尺度を表示しているが，7段階のものもある。これを1つのプログラムで対応しようとすると煩雑なので尺度の部分のみ異なるものを作成し，配布時には同時に配布している。実施者の判断でどちらかを選んで行うようにしている。相対的な距離が重要なので，プログラムの内部ではどちらもまったく同じ数値化がされている。

比較する言葉は左右に並ぶが，単純にテキストボックスの中に入れてしまうとどちらも左寄せになるので間が開いてしまう。言葉の長さが長いものや短いものが混在するなかで，離れた言葉の場合に類似度が変わって感じられる可能性もなくはない。上下に並べると上の言葉の方が強く感じられ，言葉同士の同等性に差が出てしまう可能性がある。そこで，左の言葉は右寄せ，右の言葉は

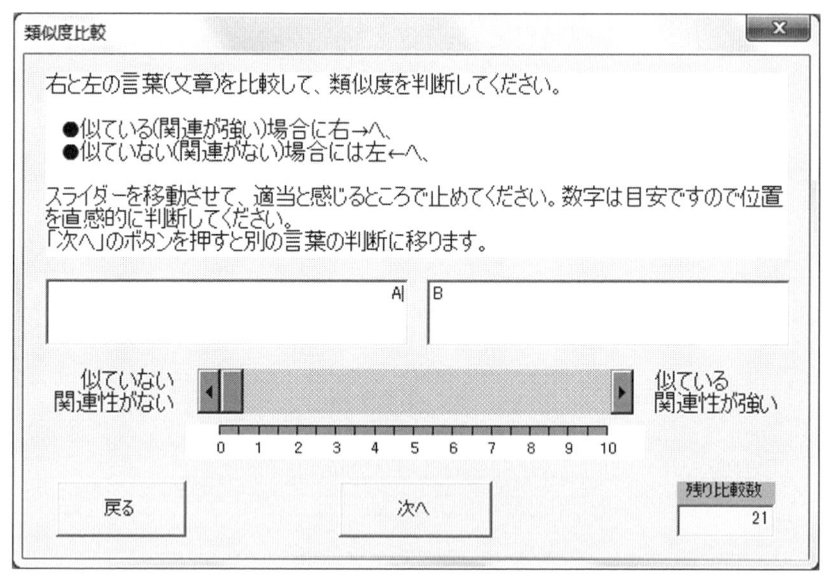

図 1-3　一対比較フォーム

左寄せにすることで，どのような言葉も隣接して比較できるようにした。

右下には「残り比較数」が表示される。被検者自身で進行状況を確認できることで達成感も感じられ，いつ終わるのかわからないという不安感からも開放される。

「次へ」のボタンを間違えてダブルクリックしてしまった場合などは，「一つ前に戻る」ボタンで戻ることができる。どこまでも無制限に戻ることが可能であるが，一度戻るとその評価はクリアされてしまう。なるべく直感的な評価が好ましいので，操作ミス以外でむやみに戻ることは避けたい。

すべて判断し終えるとメッセージボックスが表示される。「OK」を押せば「非類似度行列（raw）」（図 1-4）というシートに移る。

1 回の比較の場合，数値の入っているセルの対角要素は空欄となっており，2 回比較の場合には異なる対角要素が記入されている。左上の「平均（対称化）」のボタンを押す。1 回だけの比較の場合は対角要素に同じ値が，2 回比較であれば対角要素を平均したものが，「非類似度行列（平均）」というシートに表示される（図 1-5）。この手順は必須であるが，2 回の比較がどの程度異なっていたかの確認を行いたい場合に備えて，消去せずに保存する仕様となっている。

PAC Assist II

| 対称化 | A(,) | B(,) | C(,) | D(,) | E(,) | F(,) | G(,) |
|---|---|---|---|---|---|---|---|
| A(,) | 0 | | | | | 73.7 | |
| B(,) | 68.8 | 0 | 95.6 | 65.5 | 73.7 | 57.7 | 75.1 |
| C(,) | 88.9 | | 0 | 93.4 | | 38.3 | |
| D(,) | 34.6 | | | 0 | | | |
| E(,) | 58 | | 94.8 | 72.9 | 0 | | 21.6 |
| F(,) | | | | 44.7 | 8.2 | 0 | |
| G(,) | 73.7 | | 94.5 | 68.5 | | 39.5 | 0 |

図 1-4 「非類似度行列（raw）」シート

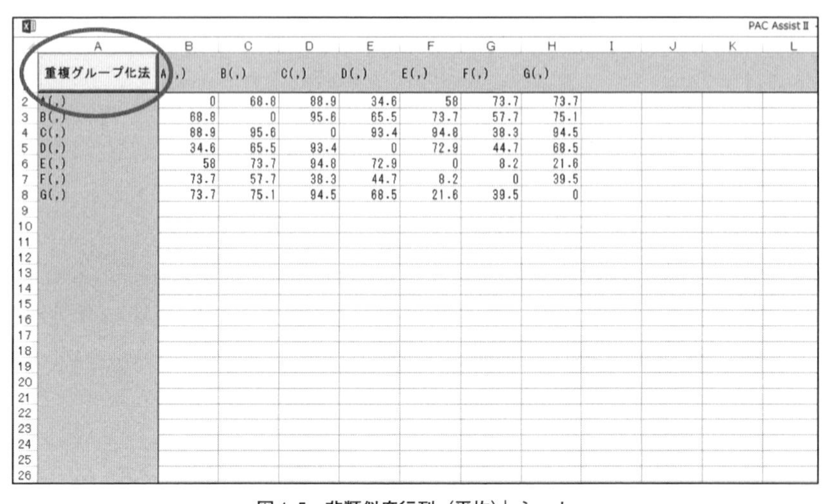

| | A | B | C | D | E | F | G | H |
|---|---|---|---|---|---|---|---|---|
| | 重複グループ化法 | A(,) | B(,) | C(,) | D(,) | E(,) | F(,) | G(,) |
| 2 | A(,) | 0 | 68.8 | 88.9 | 34.6 | 58 | 73.7 | 73.7 |
| 3 | B(,) | 68.8 | 0 | 95.6 | 65.5 | 73.7 | 57.7 | 75.1 |
| 4 | C(,) | 88.9 | 95.6 | 0 | 93.4 | 94.8 | 38.3 | 94.5 |
| 5 | D(,) | 34.6 | 65.5 | 93.4 | 0 | 72.9 | 44.7 | 68.5 |
| 6 | E(,) | 58 | 73.7 | 94.8 | 72.9 | 0 | 8.2 | 21.6 |
| 7 | F(,) | 73.7 | 57.7 | 38.3 | 44.7 | 8.2 | 0 | 39.5 |
| 8 | G(,) | 73.7 | 75.1 | 94.5 | 68.5 | 21.6 | 39.5 | 0 |

図 1-5　非類似度行列（平均)」シート

この行列をクラスター分析にかけることでデンドログラムが得られる。一度テキストファイルとして保存しなおす必要のあるソフトも多いので，統計ソフトの仕様に応じてこの後はユーザーが加工する。

最後にこのファイル自体を保存しておく。上書きしてしまうと新たな被検者を対象とするときに困るので，必ず別名をつけて保存しておく。

PAC-Assist 2 ではこの後も引き続いて重複グループ化法というクラスター分析によらない分類手法も提供しているが，オーソドックスなPAC分析を行うには，このシートを別のファイルに csv 形式で保存しておく必要がある。以降はそのデータファイルを用いてクラスター分析を実施し，結果として得られたデンドログラムを出力したものでインタビューを行う。

### 3-3　著作権および入手法

PAC-Assist は履歴（表 1-1）に示すとおり 2003 年からバージョンアップを重ねて公開している。個人的な使用に限り，フリーウエアとして自由に使って構わない。結果の公表に当たっては，ソフトの常であるが使用者の責任にて行うこととなる。

プログラムを改造しての利用についても自由である。制作結果に応じた著作

表 1-1　バージョンと開発履歴

| 年月日 | バージョン | 内容 |
|---|---|---|
| 2003/07/25 | 20030725 | 個人的に使っていたマクロを一般的に使いやすいようにしたものを作成。 |
| 2003/08/01 | | ホームページ上で公開をアナウンス。 |
| 2003/10/16 | 20031016 | スクロールバーのメソッド記述の不完全さを修正。 |
| 2004/01/21 | 20040121 | 環境によってメインのフォームでエラーが生じる場合があるのを修正。 |
| 2004/11/15 | 20041115 | 残り比較数の表示，［1つ戻る］ボタンの設置，目安のスケール表示など。 |
| 2005/10/20 | 20051020 | 項目数が多いときにエラーが発生するバグの修正。 |
| 2006/05/23 | 20060523 | 一対比較の回数を1回か2回か選択できるようにした。説明のページを更新。 |
| 2007/08/01 | 20070801 | 非類似度行列に0（同一）が生じないようにスクロールバーの右端にも値を持たせた。スクロールバーの分解能を上げ同値が発生しにくいようにした。説明のページも更新。 |
| 2008/03/24 | 20080324 | 重要度を順位で入力することを標準の手順とした。 |
| 2016/03/30 | 20160330 | PAC-Assist 2（ver.20160330）の公開。自由連想項目を50個まで対応可能とし，重複グループ化の手順を導入。 |

権および出典の表示は行って欲しい。また，改造したものに関する責任も著作権者には一切ないものとする。パスワードをかけているので，ソースを見たい場合は個別に連絡をいただきたい。

PAC分析のような深層面接は，場合によってはとても大きな心理的侵襲性を有する。とくに経験が浅い場合には注意が必要となる。このようなことを踏まえ，一般のフリーソフトのようにweb上からダウンロードできるようにはしていない。PAC-Assistの使用上の注意点を確実に伝達するため，当方までメールをいただき，ソフトを添付して返信している。

## 4. まとめ

パソコンに触れたことがないという人間は最近では珍しくなったが，高齢者や幼児，何らかの障害のある方にとってはマウスでの処理が難しい場合も考えられる。そういった場合には，まず，少し練習した方がよい。実施者側が入力を代行することが必要となる場合もある。そういった方を対象にする場合でも，比較対の迅速な提示や提示順序のランダム化，作業ストレスの軽減といった効果は見込めると考えている。逆に何らかの障害を有する場合に，行いやすくなることもあると考えている。

最新版の PAC-Assist 2 では，重複グループ化法（クラスター分析によらずに類似度の高い連想語のグループ化を行う方法（土田，2012））も実装されている。連想項目が少ないなかで多様な視点を探索的に見出したい場合には，このような方法を選択してもよい。

**文　献**

PAC-Assist 2（PAC 分析支援ツール）
http://wwwr.kanazawa-it.ac.jp/~tsuchida/lecture/pac-assist.htm
(2016.12.28 現在)

土田義郎（2012）．主観的類似度評定を用いた認知構造の同定手法の提案　日本建築学会技術報告集，*18*(38)，225-228.

# 第2章

# 直感的操作のPAC Helperで，とにかく始めてみるPAC分析

今野博信

## 1. まずは使ってみよう

様々な分野へと活用範囲が広がりつつあるPAC分析ですが，調査協力者（被検者）の側からすると，その手順に戸惑うことがまだありそうに思えます。調査する側（調査者）には事前に身につけた知識や背景の理論があって，それらに沿った手続きだと納得できていても，協力者にとってはなじみにくい作業に感じられる可能性があります。とくに類似度評定などでは，対になった項目間の距離を見積もるのに苦労するかもしれません。また，想起された項目数が多くなればなるほど，調査に要する時間が長くなってしまうので，そのことが協力者には負担に感じられる場合もありそうです。

そうしたマイナスの印象が先行してしまって，PAC分析に取り組んでみようとする機会が研究者から遠ざけられてしまうのは，まことにもったいないことだと思います。と言いますのも，PAC分析の結果からは多くの気づきが得られるはずなのに，手続上の問題でその結果にたどり着けないで足踏みしているように見えるからです。たとえて言うなら，山の頂上からの眺望が素晴らしいとわかっていながら，登山道の急峻さを前に最初の一歩を踏み出せないでいる状態と言えるでしょうか。迂回の道を知ることができたり，信頼できるガイドに状況を聞いたりできれば，きっと余裕も生まれるはずです。

これから紹介していくのは，PAC分析を実施する際のためらいを乗り越え

ていくためのデータ収集ソフトの使い方です。見かけが急だった坂道も，道具や案内があれば歩きやすくなることでしょう。そんな工夫の一つとして，このソフトがガイドロープのような役割を果たせることができれば，と願っています。これまでに筆者が実施してきたPAC分析の例の中には，調査協力者から感謝の言葉を頂戴するという体験もありました。その協力者はそのテーマについて考え直すきっかけが得られたと語り，さらに自分の中でモヤモヤしていたものが，このPAC分析を通して整理できた気がする，そうした感覚は他では得難いものだ[1)]，と感謝の気持ちを伝えてくれたのです。つまり，PAC分析の滋味は調査者だけが味わうのではなく，協力者にも味わってもらえる可能性があるということになります。これは大事な点だと思います。

これからPAC Helperについての説明を順にしていきます。入手方法を説明してから，データ収集の実際，収集後のデータ利用法の順に解説します。その後に，これまでのPAC分析の実施例から，継時的な変化を調べるために複数回実施した例，適用年齢の下限として小学生に試行した例を紹介します。参考にしていただけたらありがたいです。

## 2. PAC Helperの入手

まずはソフトを入手してください。ダウンロードは，筆者開設のホームページとオンラインソフトライブラリのVectorの二箇所から可能です。どちらのサイトも，ウィルス対策ソフトで感染がないことを確認してからアップロードしてあります。今のところ，Windows環境限定です。他のOSの場合，エミュレーションソフトなどの利用で動かせる場合があるかもしれませんが，すべての実例を把握できているわけではありません。この件に関してお問い合せをいただいてもお答えできないのでご了承願います。

筆者開設のダウンロードサイト（http://www.naravan.net/pac/）にアクセスすると，図2-1の画面が表れます。0番目のリンクをクリックすると，zip圧縮のファイルをダウンロードできる画面が表示されます。自分のパソコンの

1　井上（1998）では，PAC分析が「自己理解促進機能」をもち有効であるとの議論がなされている。

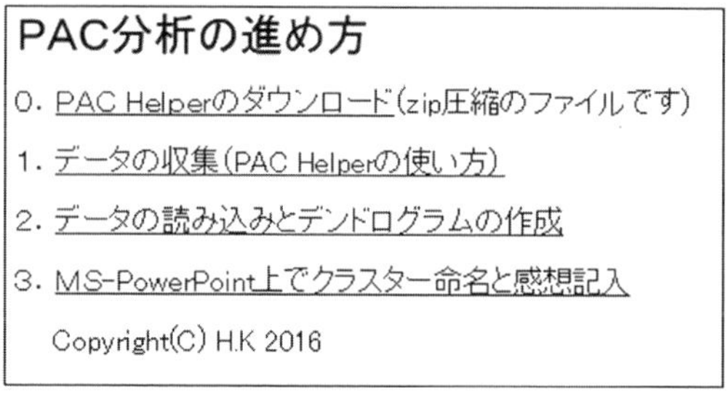

PAC分析の進め方

0. PAC Helperのダウンロード(zip圧縮のファイルです)

1. データの収集(PAC Helperの使い方)

2. データの読み込みとデンドログラムの作成

3. MS-PowerPoint上でクラスター命名と感想記入

Copyright(C) H.K 2016

図2-1　ダウンロード画面

ダウンロード先のフォルダを指定し，保存のボタンをクリックするとダウンロードが始まります。その際に，お使いのパソコンのウィルス対策ソフトが注意喚起の表示をする場合があるかもしれません。そのまま継続を選んで問題ありません。ご心配な場合は，ダウンロード後に改めてウィルス対策ソフトでスキャンすると安心できることでしょう。

ダウンロード後は，お使いのパソコンの解凍ソフトを使って展開してください。一般的な圧縮方法なので，とくに問題なく展開できるはずです。解凍すると，デスクトップ上に "ec-pac" の名前のフォルダが作成されます。その中にある "PAC Helper.exe" がプログラムの本体です[2]。同梱されている "hspdx.dll" は，本体プログラムの動作に必要なダイナミックリンクライブラリと呼ばれる共通プログラム集です。そのまま同じフォルダ内に置いておいてください。先ほどのホームページ上では，利用方法についても説明してあります。これから順に説明していく内容も，基本的にはそれらと同一です（もちろん，より詳しく解説していきますが)。

もう一つのダウンロードサイトの Vector（http://www.vector.co.jp/）では，検索窓に "PAC Helper" か「パックヘルパー」を入力すると解説ページが見つかります。そこにある説明文に従って，ダウンロードをしてください。カテゴリー分類は，「教育・学習」の中の「その他」です。この Vector からダウンロードした場合は，フォルダ内に使用法のページが同梱されていて，展開後はブラウザで表示させることができます。そこに書かれた内容も，基本的にはこの

2　現在は PAC Helper Lite を提供しています。ver.1.2 の表記になっています。

文書の解説と同一のものです。

## 3. PAC Helperの使用法

### 3-1　起動方法

ダウンロードしたフォルダ内の“PAC Helper.exe”（拡張子のexeは表示されない場合があります）をダブルクリックすると，プログラムが起動します[3)]。保存用ファイル名の入力を待つ画面が表示されます（図2-2）。起動した時点でのタイムスタンプも記録されています。データを記録したファイルは，デフォルトではプログラム本体のあるフォルダに保存されます。保存名を指定しなくても保存は可能ですが，無指定の保存が重なると上書きされるので，ファイル名を指定することをお勧めします。名前は，半角英数字で指定します。

ファイルは二種類に分かれて保存されることになります。無指定の場合には，“bun.txt”と“rui.txt”という既定の名前になっていて，入力した名前がこれらの文字の前に加えられます。例えば“check1”という保存名を指定した場合は，“check1bun.txt”と“check1rui.txt”というファイルが作成されることになります。それぞれのファイルの内容については，後で説明します。入力が終われば，「OK」のボタンをクリックして次の想起項目の入力に進みます。

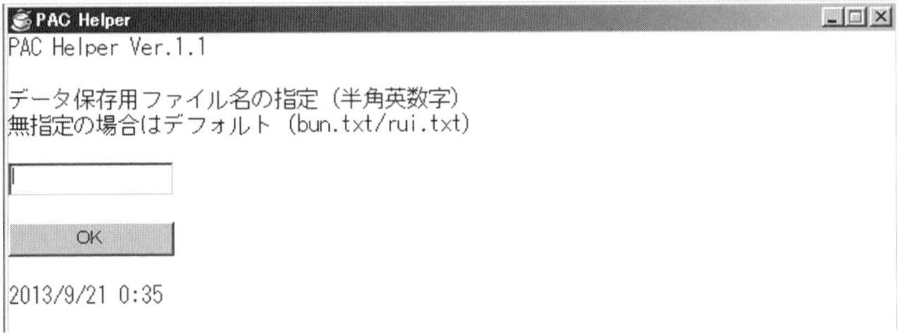

PAC Helper
PAC Helper Ver.1.1
データ保存用ファイル名の指定（半角英数字）
無指定の場合はデフォルト（bun.txt/rui.txt）
OK
2013/9/21 0:35

図2-2　PAC Helperの起動画面

3　これまでに動作が確認されているのは，WindowsXP，Vista，7，8.1，10です。PAC Helperのプログラムは，HSPと呼ばれるスクリプト言語で書いたものを，実行形式にコンパイルしています。HSPについては，解説のホームページを参照してください。

## 3-2　想起項目の入力

分析のテーマについて調査協力者に説明（刺激提示）してから，想起された項目を聞き取っていきます。反応は，文として語られる場合もあれば，短い単語の場合もあるでしょう。

そのままの表現で，想起された順に上の欄から記入していきます。入力を協力者本人に任せられる場合もあるかもしれません。しかし，できるだけ想起することに集中してほしいので，ここでは調査者が入力していく方がいいと考えています。文が長くなり記入欄の右端をはみ出た場合でも，内容は記録されているので心配はいりません。ただし，反応項目数には限度があって，最大で29項目までです。

文字入力している画面を，協力者に一緒に見てもらうかどうかは，とくに決まりがあるわけではありません。ただ，PAC分析の基本的な手順では，調査者が協力者の前で想起された項目をカードに記入していくのですから，同じ過程をパソコンで行う場合も画面を一緒に見てもらう方が，自然な姿といえるかもしれません。さらに時には，協力者から表現の仕方を変えたいと要望される場合もあります。一緒に画面を見ながら入力していれば，その場での修正がすぐにできるでしょう。一方で，確認用に協力者にメモ書きをしてもらうことがあります。その場合は，入力後に左上の「確認」ボタンで確認画面に進み，そこでメモ書きと比べて点検してもらいます。確認画面では，注意音が鳴ってポップアップ画面が開きますので，内容に問題がなければ「はい」をクリックして



図 2-3　入力画面

次の重要度順の並び替えに進みます。修正が必要であれば，「いいえ」をクリックして再度入力画面に戻り，該当箇所の修正をしてください。

## 3-3　重要度順の並び替え

入力された想起項目が，右側に縦一列で表示されます。想起された順に上から並んでいます。協力者には，項目全体を見直してから自分の基準で重要だと思われる順に並び替えを求めます。その移動は，思ったままに項目を動かせるので，直感的に操作できます。具体的には，**項目の先頭の文字**をドラッグして左側の順位の数字に近づけ，だいたいの位置でドロップするという操作になります。特別な表示はありませんが文頭がスイッチになっているので，その部分をマウスの左ボタンでクリックし，押したまま動かすと項目が動きます。位置が決まれば，左ボタンを放して項目を固定させます。

位置の検出を細かくしているので，少し文字が重なったり，左右の位置が不揃いだったりしても心配はいりません。また，再移動も手軽にできます。一度並べ終わってから全体を見直し，しばし考え込んでから再度並べ直しをした協力者の例を何度か見ています。充分に納得してもらえるように，時間を確保するとよいでしょう。

パソコン操作に慣れている協力者の場合は，直接本人にマウスを動かしてもらうと自分のペースで進めてくれます。マウスの操作に慣れていない人の場合には，調査者が代わりに操作することになります。いずれの場合も，取りあえ

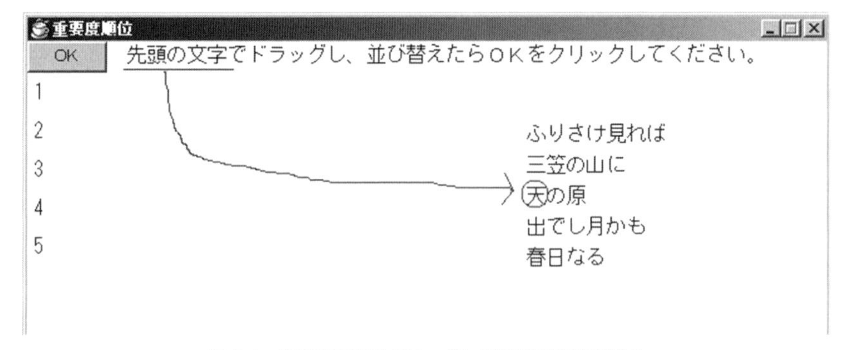


図2-4　先頭の文字でドラッグして要度順の並び替え

ずの配置ができたら，確認画面で点検してもらいます。必要に応じて，前の画面に戻って修正をしたりします。これまでの実施例の中には，想起された順番がそのまま重要度順である，と指示した協力者もいました。その場合は，右側の項目を一切動かさずに「OK」ボタンをクリックすることになります。

## 3-4　類似度評定

この類似度の評定に最も時間がかかります。PAC 分析の基本的な手順では，ランダムな順を乱数表などで決め，それに従って一対のカードを協力者に示し，項目間の距離を 7 段階で評定してもらいます。仮に 5 項目の想起だった場合は，組み合わせは 10 通りとなり，6 項目になると組み合わせは 15 に増えます。10 の想起項目だと，組み合わせは 45 通りにもなります。パソコンを用いて協力

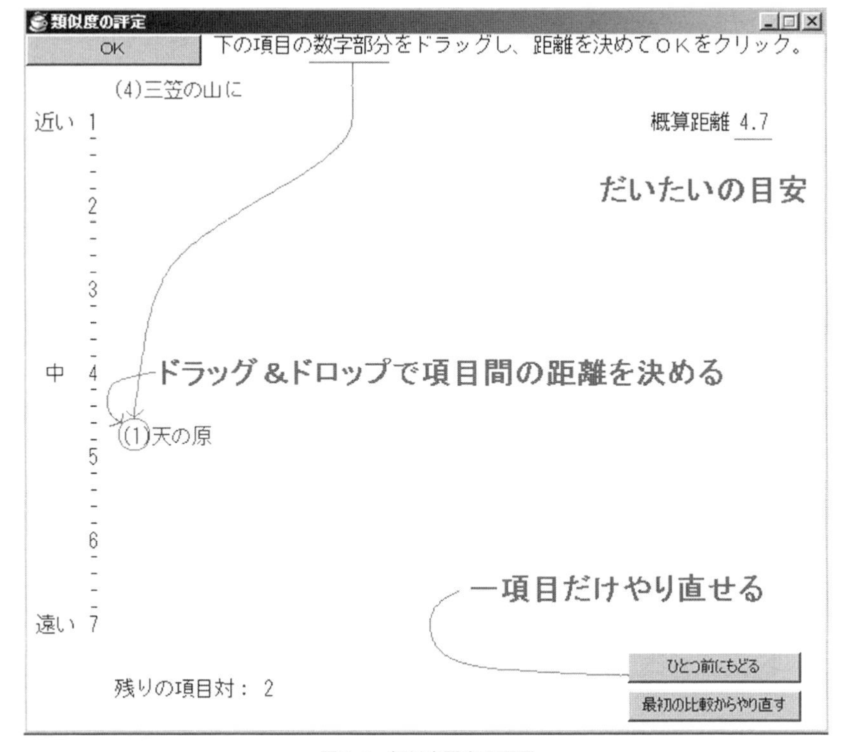


図 2-5　類似度評定の画面

者の負担を軽減する必要性は，こうしたところにあります。

重要度順の並び替えと同じように，ドラッグ&ドロップの操作で評定していきます。最初は説明の画面で止まっているので，この段階で協力者に進め方を理解してもらいます。上の部分にある項目（図2-5では「(4) 三笠の山に」と書かれている）と，中段の位置に表示された項目を比べて，その関係が近い距離にあるのか遠いのかを評定してもらいます。図2-5の「(1) 天の原」は，既に移動されて5に近い位置にありますが，最初は4の位置に表示されます。そこから，項目の先頭にある **(1) の部分**をマウスの左ボタンでクリックし，ドラッグのまま動かします。上下の1から7の間で最もしっくりくる位置でボタンを放してドロップします。もちろん再移動も可能です。

この時に，二項目間のだいたいの距離が，右上の「概算距離」に表示されます。左下には，残りの比較項目対の数が表示されます。これらは，協力者に意識してもらう必要はなく，調査者用の目安となるように表示させているものです。また，右下にはやり直し用のボタンを二種類配置していますが，これらもあまり意識してもらう必要はないでしょう。なぜなら，類似度評定（と次の正負の評定）には，「直感的な印象」が重要だとされているからです。協力者の中には，前に評定した項目同士の距離と整合性が必要だと考える人もいますが，そうではなく目の前の評定を直感で進めてほしいと説明します。二つの項目が提示されたその瞬間に感じた距離感を，そのまま表現してくれるように頼むわけです。ということで，前に戻って再度評定し直すというのは，よほど特別な場合に限られることになります。

この類似度評定に要する時間は，想起項目数に大きく依存します。これまでの平均的な例からは，9項目の場合で36通りの組み合わせになりますが，十数分程度かかっています。この例では，マウス操作は協力者本人に任せていました。マウス操作に慣れていない人の場合には，調査者が代わりに操作することになるので，多少時間が長めになる可能性があります。今はパソコンの画面がタッチパネルになっている場合もあるので，画面に直接触れることで，より一層直感的な操作が可能になることでしょう。また音声入力の精度も向上して来ているので，操作を音声で進められる可能性もあります。そうなれば，さらにPAC分析の活躍場面が増えることになるでしょう。

ところで，画面の概算距離表示は小数第1位までですが，プログラム内部での演算は小数第2位までになっています。わずかな差も意味あるものとして，クラスター分析のデータに用いるようにしています。このことで，デンドログラムの作図が一意に進められるようになることを意図しています。さらに，プログラムの内部処理ではもっと高精度の数値を扱うことも可能です。PAC分析自体の進化に，プログラムも対応していけるはずです。

## 3-5　項目ごとの正負の評定

最後は，項目のイメージをプラスかマイナスで評定することになります。どちらとも決めかねる場合や，ちょうど真ん中ぐらいの場合には，△の評定という表し方にしています。画面にあるように，肯定的に受け止められる場合はプラスのボタン，否定的な印象ならマイナスのボタン，△なら真ん中のボタンをそれぞれクリックして進めていきます。

この場合も，あまり考え込まないで，直感によって進めてもらえるように説明します。項目によっては，プラスやマイナスといった表現になじみにくい場合も出てきますが，項目が表示された時の第一印象を思い出してもらって，それに従って評定してもらうとよいと思います。真剣に考え込んでしまい，なかなか先に進めなかった例も体験しました。そうした場合でも，決して無理に急がせたりはしません。協力者自身が納得して評定するまで待ちます。プラス評定やマイナス評定，あるいは△評定の偏りが，特定の集団や個人の傾向を示す場合もあるので，ていねいに評定を進めてもらうことが大切です。

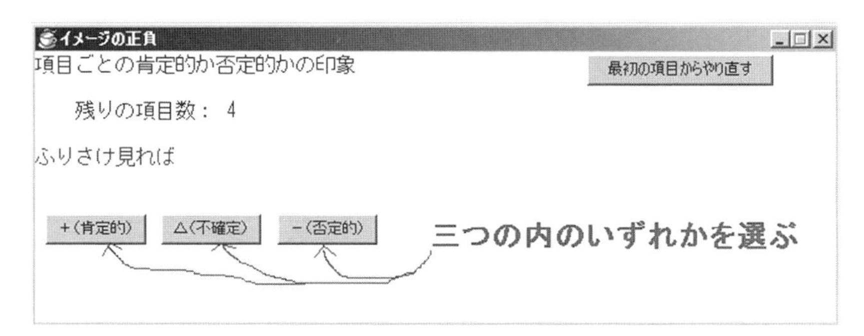


図2-6　項目ごとのイメージ評定

### 3-6　保存手続き

データ収集が終わると，保存手続きになります。二つのファイルができるので，２回ボタンをクリックします。試験的にプログラムを動かした場合を想定して，「保存しない」というボタンも用意してありますが，それを使うことはほとんどないと思います。最終の保存ボタンをクリックすると，プログラムが終了してPAC Helperの画面がすべて消えます。

また，保存したフォルダには，“sos”の文字で始まるファイルが複数作成されているはずです。これらは，異常終了時や強制終了時にそれまでのデータを救出するために自動的に保存されたものです。正常に最後までプログラムを進めることができた場合は，削除して構いません。

## 4.　保存データの利用法

### 4-1　HALWIN（HALBAU）での利用

二種類の保存ファイルのうち，ファイル名に“bun.txt”の名前がある方には記入された想起項目がそのまま記録されています。

項目の上下の並び順は，重要度で並び替えられたものです。各項目の右の数字は最初の想起順で，右端の記号が項目を評定した正負のイメージです。下段の表は，類似度評定の際に要した時間を秒単位で記録したものです。他の項目と比べてとくに長い時間がかった評定には，何か特別な理由があるかもしれな

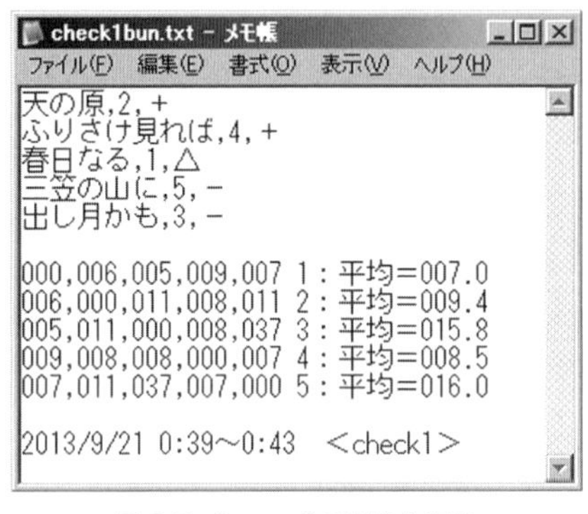


図2-7　“bun.txt”の保存内容例

いので，インタビューの際に詳しく質問することができます。図 2-7 の例を詳しく見ると，3 行目の「春日なる」と 5 列目の「出し月かも」の項目対の評定に 37 秒かかっています。これは他の評定と比べると，時間がかかりすぎているように見えます。そこに何か心理的な負荷がかかっていたのかもしれません。あるいはもっと別な単純な理由かもしれませんので，協力者に問いかけるきっかけとして利用できます。極端に時間がかかった項目があれば，その理由解明に探求心をそそられますが，まだ数値を積極的に利用した調査研究は進められていません。今後の活用が期待されています。

もう一つの“rui.txt”の名前があるファイルには，類似度評定の距離行列が記録されています。この形式は，HALWIN[4] という統計ソフトにそのままの形で読み込める保存形式になっています。そのために，想起項目も許容された長さになっていますし，最初にある項目数の数字も指定のとおりです。

実際に HALWIN にデータを読み込み，デンドログラムの作図まで進める手順は，つぎのようになります。HALWIN を起動させた後の設定画面で，「方法の指定」→「キーボード入力による分析」→「11. クラスター分析」の順に選んでいき設定ボタンをクリックします。クラスター分析（キー入力）の画面が開きますので，そこで，「ファイル」→「読み込み」，を選びます。読み込み先の指定画面になるので，ドライブやフォルダを移動してデータファイルを選びます。名前に“rui.txt”という部分があるファイルが対象になります。設定ボタ

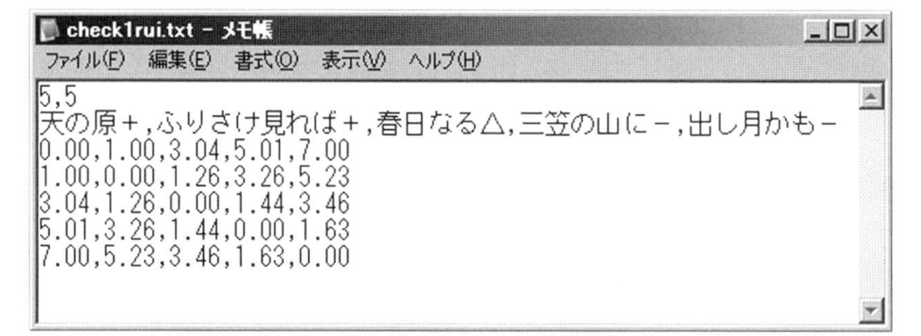


図 2-8　“rui.txt”の保存内容例

4　最新は HALBAU7。統計ソフトと PAC 分析との関係については，内藤（2008）で詳述されている。現在提供中の PAC Helper Lite では反応時間は記録されません。

ンのクリックで確認画面になります。内容を確かめて問題が無ければ，OKをクリックするとデータが表の中に読み込まれます（図2-9）。右側の行列の種類で「距離」を選び，「分析の開始」をクリックすると出力画面が表れます。クラスター併合後の距離計算の方法でウォード法を指定し，結果の出力をチェックします。最後に，分析実行をクリックするとデンドログラムが作成されます（図2-10）。

画面に表示されたデンドログラムの保存は，「印刷」→「ファイル出力」→「出力ファイルの設定」と選び，保存場所を指定した後にTXTファイルとして保存できます。このファイルを印刷して，そのプリントアウトを調査協力者に見てもらいながら，PAC分析のつぎのステップである，イメージ構造についてのインタビューや解釈の聴取[5]を進めることができます。また，そのままパソコン上で作業を進めていくために，デンドログラムをMS PowerPointなどのプレゼンテーションソフトに貼り付けて，画面上の図を見ながら聴取を進め

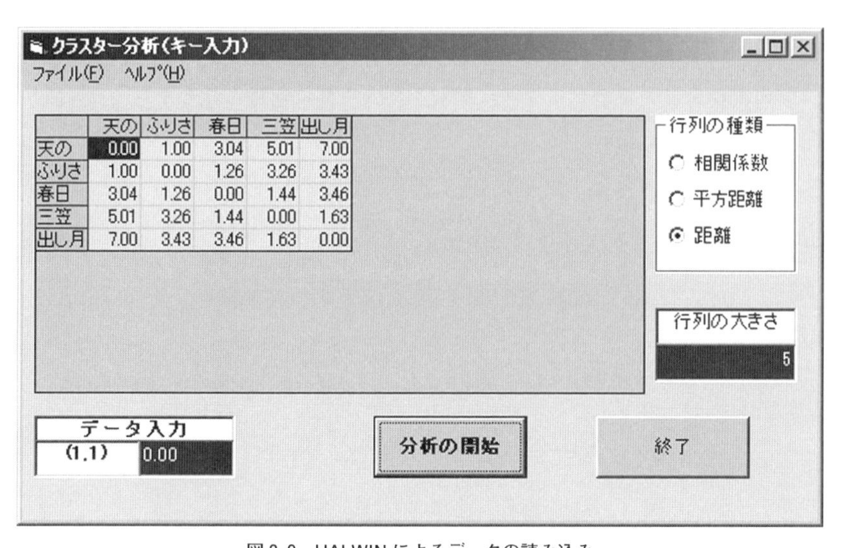


| | 天の | ふりさ | 春日 | 三笠 | 出し月 |
|---|---|---|---|---|---|
| 天の | 0.00 | 1.00 | 3.04 | 5.01 | 7.00 |
| ふりさ | 1.00 | 0.00 | 1.26 | 3.26 | 3.43 |
| 春日 | 3.04 | 1.26 | 0.00 | 1.44 | 3.46 |
| 三笠 | 5.01 | 3.26 | 1.44 | 0.00 | 1.63 |
| 出し月 | 7.00 | 3.43 | 3.46 | 1.63 | 0.00 |

図2-9　HALWINによるデータの読み込み

5　内藤（2008）では，「検査者自身が共に感じようとすることで，被検者もまた感じ続けることができるようになり，検査者と被検者が同行できるようになる」と説明されている。

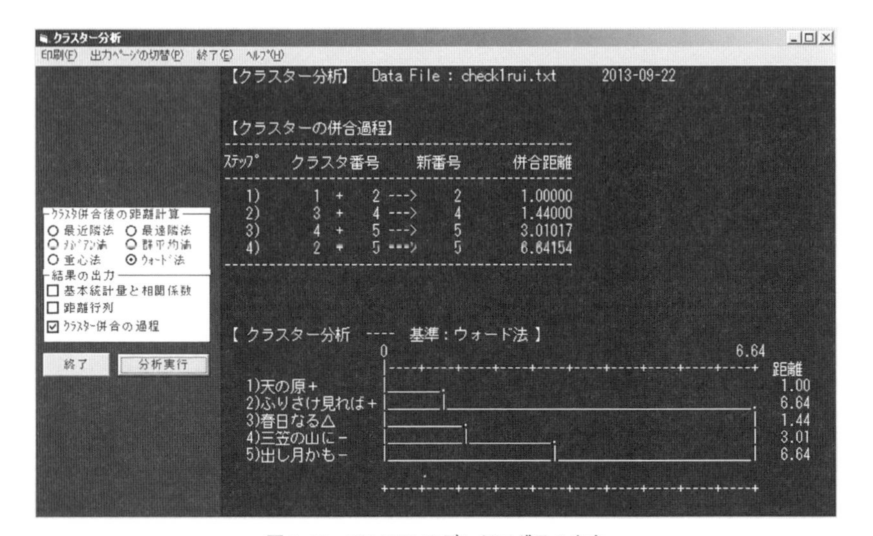


図 2-10　HALWIN のデンドログラム出力

ていくこともできます。その場合は，協力者の発言をそのままテキスト挿入で画面上に書き込んでいけるので，聴取をスムーズに進められます。

## 4-2　各種の統計ソフトでの利用

PAC Helper で保存されたデータは，MS Excel などの表計算ソフトに読み込み，その形式を自由に変形させることができます。あるいは，必要な部分をクリップボードにコピーしておき，そのデータを利用してクラスター分析にかけてデンドログラムを得ることもできます。図 2-11 は，クリップボード経由によるデータを利用し，フリーで提供されている統計ソフトである “R” を用いて作図した例です。

前に示した HALWIN によるデンドログラム（図 2-10）の表現と，この R によるデンドログラムでは，見え方が違って感じられるかもしれません。しかし，項目が統合されていく順番に注目すると，両者が同一の内容になっていることが理解できます。つまり，項目 1 と項目 2 が先に統合され，別な固まりとして項目 3 と項目 4，後に項目 5 が統合されていっているからです。

また，図としての表現形式上の違いも見られ，HALWIN では入力順（重要

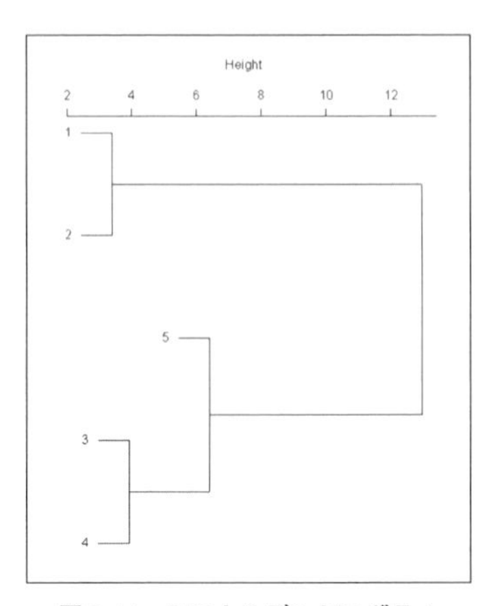


**図2-11　Rによるデンドログラム**

度順）に結節の演算をし，結節していく過程が表現されているのに対して，Rではトーナメント表のように合併されたクラスターを表示しているように見えています。こうした表現上の違いについて，内藤（2008）では，つぎのようにまとめられています[6)]。

「以上HALWIN（HALBAU）とSPSSでの処理と出力について言及したが，いずれであっても，連想項目間の直感的類似度の行列を用いて演算しているのであり，重要度順位が演算順序に関与することで，出力された図は場理論的特徴をもつものとなる。またいずれの出力図によるとしても，検査者と被検者がともに外在化された被検者の内界を探求するという了解的な解釈方法（現象学的データ解釈法）を用いるのであり，被検者にクラスターとクラスター間関係（各コンプレックス間の関係）についてのイメージを探索させる。このため理知的な理解や説明を求める人にも，カウンセリング的な利用が可能である。両者の差異は相対的なものである」。

統計ソフトは，他にも多くの種類があり，それぞれ特徴をもっています。例

6　文章中の「SPSSでの出力」とRで描いたデンドログラムが，共にトーナメント表の形式である。

えば，表計算ソフトのMS Excel上で動作するアドインにもクラスター分析ができるものがあります。筆者は，そうしたソフトの一種を利用してこれまでPAC分析を実施してきています。それぞれの特徴を理解し，その特徴を生かして利用することが大事だと考えています。

## 5. PAC Helperを使った実践例

### 5-1　複数回実施した例

この例の調査協力者は，小学校勤務の学習支援員補助員と呼ばれる女性の学校職員でした。初めての学校勤務で，主に低学年の学級に配置され学級担任を補助する役割を受けもっていました。これまでは母親として学校と関わっていましたが，この勤務で職員として学校と関わる体験をしました。この調査で提示刺激とされたのは，「あなたにとって小学校とはどのようなものですか。これまでのこと，今現在のこと，これからのことなどどんなイメージでも結構ですので，感じたとおりに教えてください」という内容でした。詳しくは，今野・池島（2010）を参照してください。

調査は3回で，最初は4月に勤め始めて間もない一学期末の7月，次は9ヶ月程過ぎた三学期途中の翌年1月末，最後は勤務して約1年半経った翌年度の10月でした。図2-12，2-13，2-14は，各時期のデンドログラムです。

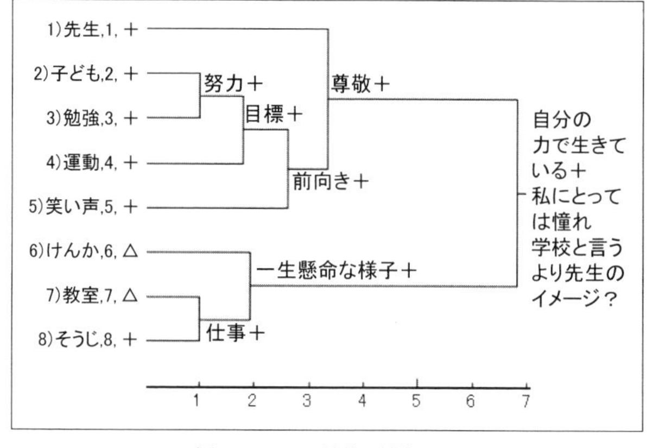


図2-13　9ヶ月後の翌年1月

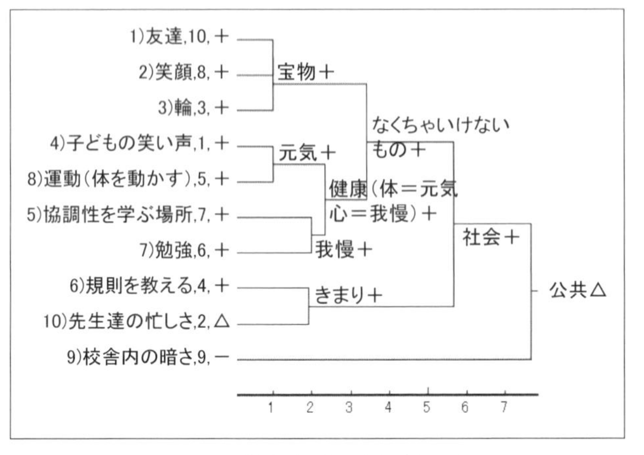


図 2-12　勤務開始後まもなくの 7 月

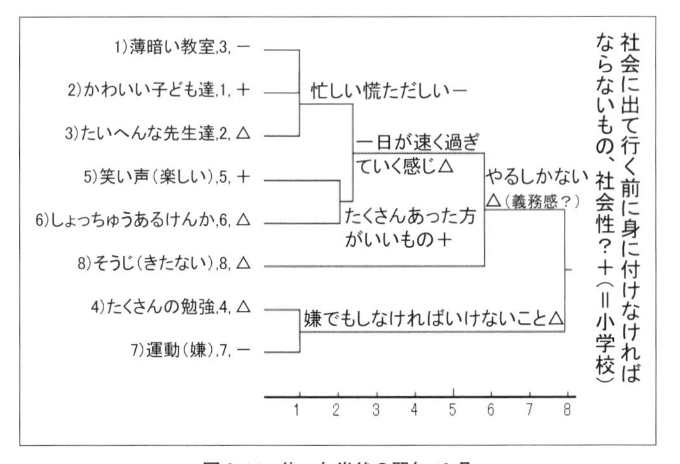


図 2-14　約 1 年半後の翌年 10 月

学校での体験を積み重ねていくなかで，当人の学校イメージは変化していくのですが，ここではむしろ変わっていない内容に注目します。具体的には，想起された項目の検討です。想起数の総合計は 36 項目になりますが，その中で類似する内容と考えられるものが 5 項目ありました。「運動」「笑い声」「勉強」「子ども」「先生」，です。これらは，3 回共に想起されています。他に 2 回想起されたのは，「そうじ」「けんか」「教室」「暗い」，の 4 項目です。これらの項目についてとくに注目しておきたいのは，PAC分析が，その時その時の協力者の印象をよりよく記録できているという結果についてです。

とくに2回目と3回目では，いずれも想起が8項目でその内容もほとんど共通していました。しかし，例えば「勉強」の正負評定は，1回目2回目ではプラスだったのに，3回目では△の評定になりました。また，「運動」については，1回目2回目はプラスだったのに，3回目ではマイナス評定に逆転しました。個人の中での意味づけが，大きく変化したことを読み取れます。

項目同士が統合されていく過程で印象的なのは，3回目では，クラスターの命名に文が増えてきたことです。このことで，より一層感情が込められているように読めます。他にも，3回目ではクラスター統合名の正負評定に△が増えています。このように，協力者の中での学校イメージの変化（複雑化）を記録する方法として，PAC分析が効果的に機能したと考えることができます。複数回の調査では，協力者に負担感が大きいと，調査を拒まれることもなりかねませんが，PAC Helperの利用で，その負担感が軽減されたとしたなら，それはとても喜ばしいことだと思っています。

### 5-2　対象年齢の下限に関して小学生に実施した例

この例は，今後の研究対象拡大の可能性を検討するために，探索的に試みたものです。対象は小学6年生の女子で，筆者が実施していた調査に既に協力してくれていた母親から，本人に協力を依頼する形で実施が可能になった調査でした。協力的な環境下で実施できて，貴重な結果が得られました。結果のデンドログラムは，図2-15に示してあります。テーマ（提示刺激）は大人の調査と共通しており，つぎのような内容でした。

「あなた自身が感じている『学校』についてのイメージを教えてください。形があって，目に見えるものだけに限りません。ですから，『学校教育』といった機能や働きも含めてのことになります。自分自身の体験から浮かぶものや，今現在のものや，これからのものでも結構です。頭に浮かんできたイメージを，単語や文のかたちでも，音や色の雰囲気を表すものでも結構ですので，浮かんできた順番に書き出してください。『学校』と言われ

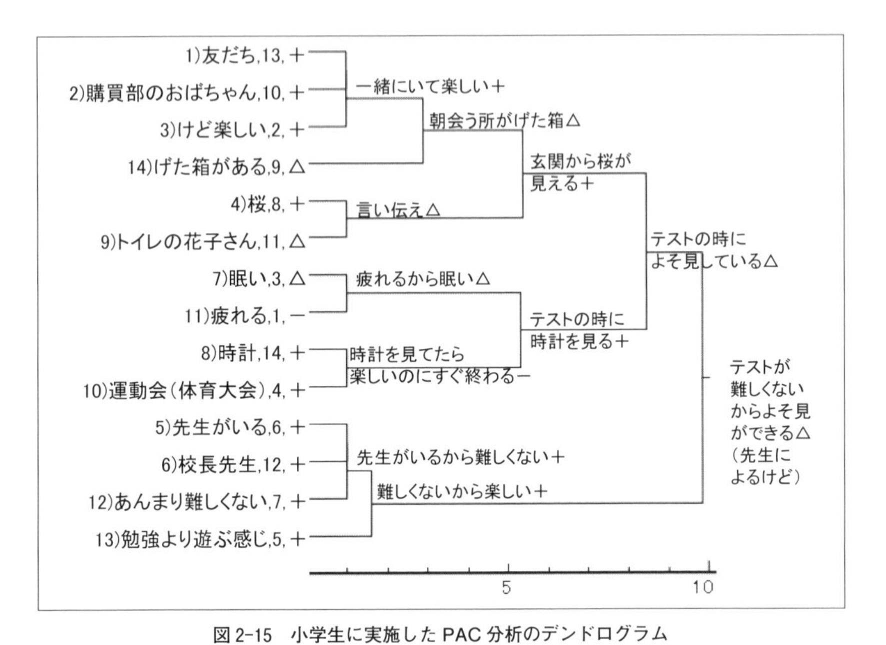


図 2-15　小学生に実施した PAC 分析のデンドログラム

て結びつくイメージを，順に連想していってください」。

まず，大人に実施したのと変わらない結果が得られたことに注目すべきだと考えます。調査途中での受け答えもじつにスムーズで，提示刺激の説明や自由な連想による反応などの手順にも戸惑うことはありませんでした。こうした PAC 分析に対する馴染みやすさには，個人の特性が大きく影響すると考えられます。しかしそれは同じように，大人の場合にも当てはまることなので，児童生徒だから特別な配慮が必要になる，ということではないように感じられました。最後に，他の友達にもこの PAC 分析はできるだろうか聞いてみると「考え込みすぎる人には向かないかもしれない」との感想でした。たいへん示唆に富む意見として受け止めました。

さて内容についての大人との比較ですが，教師の平均的な結果と似た傾向を示しました。また，項目ごとの＋評定・－評定・△評定の比を検討すると，教育行政の担当者と似た結果でした。特徴的だったのは言及内容で，自己言及

（楽しい・眠い・疲れる・難しくない・遊ぶ感じ）と他者言及（友だち・おばちゃん・先生・校長先生）と事物言及（げた箱・桜・花子さん・時計・運動会）の３分類がほぼ均等に想起されたことです。また時制では，すべてが現在に関わっていました。自己言及は，大人の場合では少なくなりがちなので，こうした点に児童としての特徴をみとめることができそうです。

大人の傾向と子どもの傾向を対比させることで，相互の認識のずれについて検討できるようになります。学校や教育がかかえる問題の解決に向けて検討していく際に，こうした認識の差を意識しておくのは重要です。PAC 分析がその力を発揮して解決の糸口を見つけ出してくれることに期待が高まります。この試行では，PAC 分析によって小学生からも当人の内面の貴重な思いを引き出せることが示されたと考えています。また，別な調査で筆者は，大学生と教師による「ゆとり教育」についての PAC 分析も実施しています。そこでも，対比によって相互の受け止め方の違いを示すことができました。対比的にものごとに注目することで，得られるものは大きいです。

## 6. まとめと PAC Helper のこれから

PAC 分析の手順は，内藤（2001）で次の５ステップとして説明されています。①当該テーマに関する自由連想，②連想項目の類似度評定，③類似度距離行列によるクラスター分析，④被験者によるクラスター構造のイメージや解釈の報告，⑤実験者による総合解釈，です。この中で PAC Helper が受けもつのは，最初の①と②だけです。クラスター分析から先のステップは，調査者自身による別な対応が必要になります。一連の手順を担える PAC 分析総合ソフトの開発が，大いに期待されています。

現段階でも，調査協力者に負担をかけてしまいがちな類似度評定をスムーズに進めることができれば，残りの行程の足取りはずいぶん軽くなっていくはずです。頂上からの眺めを目指して，最初の一歩を踏み出す気持ちになってもらえましたでしょうか。その一歩のお手伝いを，PAC Helper が少しでもできたのなら，作者としてとてもうれしいことです。最後に一言付け加えさせてもらえるなら，内藤（2001）で「実験者は被験者に寄り添いながら，外在化された被験者の自己をともに感じながら，その象徴的意味を探索し続ける」と述べられているように，PAC分析の過程は協力者の思いを受け止める感覚が支えています。道具立てはそろえられても，この感覚は調査者自身が謙虚な積み重ねの中で体得して必要があると思います。それは事例研究に携わる者の倫理にも通じるものだと思っています。

PAC Helperそのものも，必要に応じて機能やインターフェースを変えていく必要があることでしょう。ソフトウェア環境も時代に合わせて変わっていきます。どこまで，その時代性に対応できるか，あるいは対応が必要なのかは即断できないのですが，できるだけ使いやすい形に進化させていきたいと考えています。ダウンロードページの親サイト（http://naravan.net/）には，問い合わせメール送信用のページも用意してあります。お気軽にご意見をお寄せいただければたいへんありがたいです。一人でも多くの方にPAC分析を実際に試してもらえることを願っております。

**参考文献**


井上孝代（1998）．カウンセリングにおけるPAC（個人別態度構造）分析の効果　心理学研究，*69*(4)，295-303.

今野博信・池島徳大（2010）．PAC分析による小学校教職員の学校イメージ比較　奈良教育大学紀要　人文・社会科学，*59*(1)，217-224.

今野博信（2014）．生徒と教師間における「ゆとり教育」の受け止め方の比較　室蘭工業大学紀要，*63*，99-109.

内藤哲雄（2001）．PAC分析と「個」へのアプローチ　山本　力・鶴田和美（編著）心理臨床家のための「事例研究」の進め方（pp. 108-117）　北大路書房

内藤哲雄（2008）．PAC分析を効果的に利用するために　内藤哲雄・井上孝代・伊藤武彦・岸　太一（編）PAC分析研究・実践集1（pp. 1-33）　ナカニシヤ出版


## 7. 付録編　PAC Helper と HAD を組み合わせて使う

### 7-1　HAD について

フリーの統計分析プログラムとして，誰でも使える形でHADが2013年から公開されています[7]。関西学院大学社会学部の清水裕士教授が，Microsoft

7　HADのホームページのURLです。http://norimune.net/had

Excel の VBA を使ってプログラムしたもので，ホームページに説明が詳しく書かれています。Excel 上で動くこの統計ソフトを使うと，PAC Helper と連動させて費用をかけずに PAC 分析を始められるので，その解説をします。

実際に PAC 分析で用いるのはクラスター分析ですが，HAD では多彩な統計分析が可能です。ホームページ上の説明には，

> 「相関やクロス表などの基本的な統計解析から，分散分析・重回帰分析，因子分析，そして構造方程式モデル，混合分布モデルといった，心理学でよく用いられる多変量解析が可能です。また，級内相関係数や階層線形モデル，マルチレベル SEM などの，マルチレベル分析も実行できます」

とあります。ぜひ，関心をもった他の分析法についても実際に試してみることをお勧めします。

HAD のホームページは親切な構成なので，ダウンロードの仕方や分析方法ごとの使い方を身につけやすいです。ここでの説明は，PAC Helper との連動についてだけです。事前にダウンロードやセットアップを済ませ，実際にプログラムを動かしながら読み進めてもらえると理解が確かになると思います。なお，ここで用いる図表は，第 11 回 PAC 分析学会でのワークショップで用いたものを元にしています。

## 7-2　データの読み込みとデータセット

調査協力者からの聞き取りで PAC Helper によるデータ収集が終わると，パソコンには，2 種類のテキストファイルが保存されます。“bun.txt” には，想起文と類似度評定の反応時間が記録されています。“rui.txt” には，類似度評定の距離行列が記録されています。この “rui.txt” のデータを使ってクラスター分析をするのですが，データ加工することで HAD などの統計プログラムで使用できる可能性が広がります。その処理をするのが，PAC Helper を解凍したフォルダに展開されている “Changer.exe” のプログラムです。使い方は簡単で，このファイル名をダブルクリックで起動させて，加工したいデータファイル名を空欄に書いて指定するだけです（図 2-16 参照）。この指定の際には，保存名の

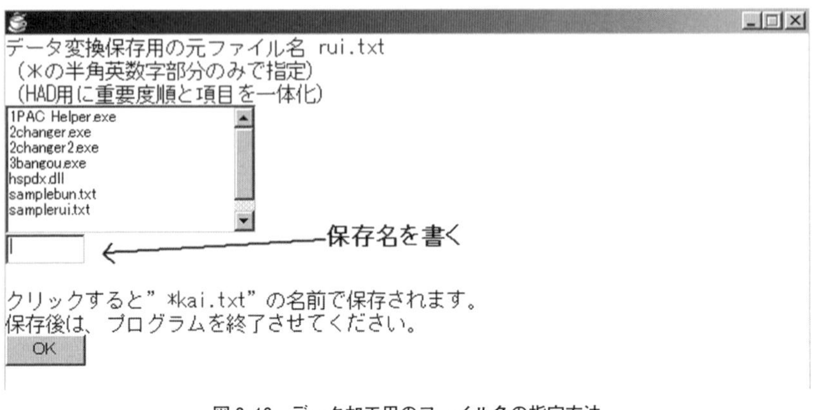


図 2-16　データ加工用のファイル名の指定方法

部分だけを書きます。bun や rui や，拡張子などは不要です。変換処理は自動で行われて，新しく“kai.txt”の名前のテキストファイルが保存されます。

HAD 用には，新しく同梱するようにした，“Changer2.exe”での変換が便利です。これで変換すると，項目名の前に重要度順の数字が付加されて出力されるので，ラベル指定の扱いをスムーズに進められます。

ファイル名が“kai.txt”のデータが用意できたら，それを HAD に読み込ませます。その手順の最初は，通常の Excel のデータ読み込みです。データのリボンから「外部データの取り込み」→「テキストファイル選択」→「ファイル名指定」と進めます。テキストファイルウィザードが開くので，「カンマ区切り指定」→「新しいシートにデータ貼り付け」の手順で進めます。

HAD の新しいシートにデータが読み込まれているので，そのシートから必要な部分だけコピーし，データシート内の指定されている位置に貼り付けます。具体的なデータシートへの貼り付け方法は，「データシート選択」→「指定場所へコピーしたデータを貼り付け」→「データ数の指定」→「データ読み込みボタン」の順番となります。図 2-17 に，その手順を示しています。距離行列データを貼り付けた位置は，C2 から G6 までです。数値の貼り付け後に，ID と変数名を 1 行目に書き入れて，ID の列にはデータ数の数字を書き入れます。以上の準備ができたら，左上にある「データ読み込み」ボタンをクリックします。データの数値を反映させたモデリングシートに画面が切り替わります。

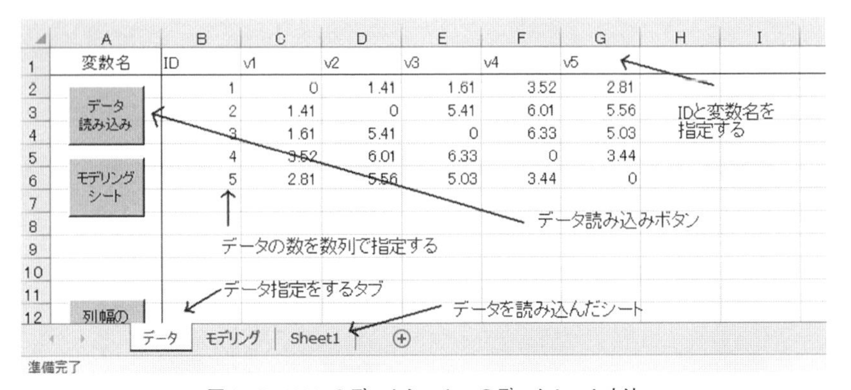


図 2-17　HAD のデータシートへのデータセット方法

モデリングシート下段左側に変数情報として，指定変数の v1 から v5 までの変数が縦に並んでいるのが確認できます。最初に，ラベル指定をします[8)]。これは，変数名だけではわかりにくいので，想起項目を表示させることで結果のデンドログラムを見やすくさせるためです。具体的には，データを読み込んだシート（Sheet1）の項目名の列を縦にコピーして，モデリングシートの「ラベル」の列に貼り付けます。その際の位置は，左側に並んでいる変数名（v1～v5）に対応させるようにします。このラベルを用いた結果表示の指定のために，右上に 4 つ並んでいるボタンから「HAD の設定」をクリックします。設定用のポップアップ画面で，「ラベルで結果を出力」にチェックを入れて OK します。データのセットはこれで完了です。ボタンなどの位置については，図 2-18 を参照してください。

## 7-3　クラスター分析の実施

データセットが完了したら，分析についての各種指定をします。①上段右寄りに 3 つのラジオボタンが縦に並んでいる中から，「因子分析」を選びます。その下にあるオプションボタンをクリックして，ポップアップ画面のクラスター基準の階層法で，「ウォード法」が選ばれていることを確認します。②「使用変数」ボタンをクリックし，「全投入」を選んで全変数の使用を指定します。③

8)　文字数が多いと作図が乱れる場合があります。

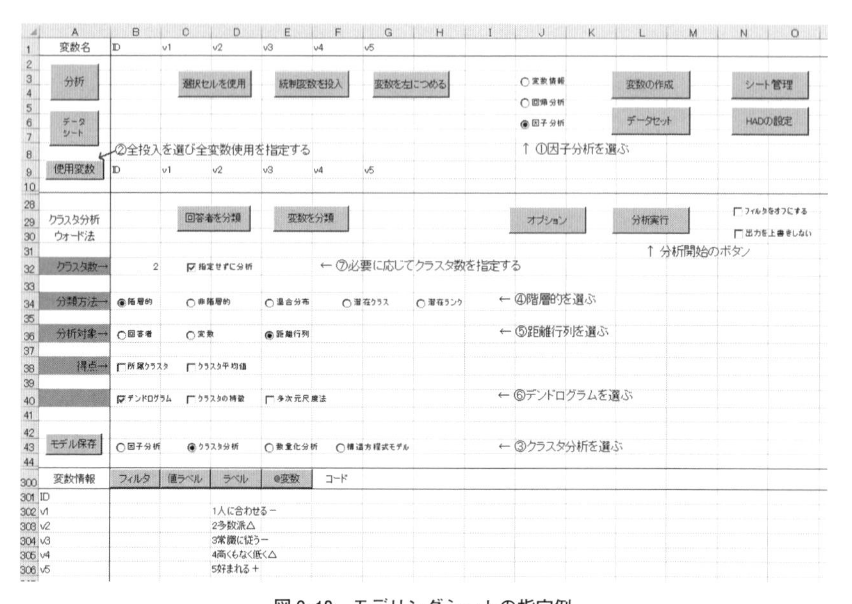


図2-18　モデリングシートの指定例

中段下側に「モデル保存」があるので，そこのラジオボタンで「クラスタ分析」選びます。④分類方法では「階層的」を選び，⑤分析対象では「距離行列」を選びます[9)]。⑥その下にあるチェックボックスでは「デンドログラム」にチェックを入れます。これらの指定は，デフォルトで既に選択されている場合がありますが，きちんと確認しておくとよいと思います。⑦クラスタ数を予め指定するのか，「指定せずに分析」を選ぶこともできます。これらの指定が済んだ状態のHADの画面を，図2-18に示してあります。

中段の右にある「分析実行」のボタンをクリックすると，分析が開始されて新しいシート（HCluster）にデンドログラムが描かれます。そのままでは文字が圧縮されたりしているので，図の細かい調整して見やすくします。大きさの調整は，デンドログラムの枠を選んでから右下に現れる丸いつまみをドラッグさせて適当な位置でボタンを外して固定させます。

調整した後の図をコピーして，別に起動しておいたMS PowerPointなどの

9）「距離行列」の指定だとSPSSなどの作図と異なる場合があるので，その場合は「変数」を指定します。

プレゼンテーション用のソフトのスライドに貼り付けます。その後に，調査協力者と一緒にデンドログラムの図を見ながら，続けてインタビューを進めていきます。項目の統合について新たにイメージされたコメントを，その都度テキストボックスなどを使って書き込んで行くわけです。

新しいシートに描かれた，デンドログラムを図 2-19 に示してあります。

PAC Helper と HAD を連動させることで，すぐに PAC 分析を実施することが可能になります。研究のテーマや刺激文の作成など，検討すべきことは多くありますが，技術的な環境を手軽にそろえられるのは意義あることだと思います。今回の説明では不十分なところが残りますが，調査者自身の工夫で乗り越えられるはずです。ぜひ，PAC 分析の有効性を体験してみてください。

| | A | B | C | D | E | F | G |
|---|---|---|---|---|---|---|---|
| 1 | | | | | | | |
| 2 | クラスタ分析 | | | | | | |
| 3 | | | | | | | |
| 4 | | 分析の方法 | ウォード法 | | | | |
| 5 | | 距離の計算 | データから距離行列を入力 | | | | |
| 6 | | 分類対象 | 変数 | | | | |
| 7 | | 分類対象数 | 5 | | | | |
| 8 | | サンプルサイズ | 5 | | | | |
| 9 | | | | | | | |
| 10 | デンドログラム | | | | | | |
| 11 | | | | | | | |
| 12 | | デンドログラムの表示法 = 距離の1乗 | | | | | |
| 13 | | | | | | | |
| 14 | | | | | | | |
| 15 | | | | | | | |
| 16 | | 1人に合わせるー | | | | | |
| 17 | | 2多数派△ | | | | | |
| 18 | | 3常識に従うー | | | | | |
| 19 | | | | | | | |
| 20 | | 4高くもなく低く△ | | | | | |
| 21 | | 5好まれる＋ | | | | | |
| 22 | | | | | | | |
| 23 | | | | | | | |
| 24 | | | | | | | |

図 2-19　デンドログラムの作図例

# 第３章

# 俯瞰夜景の心理的評価への PAC 分析応用事例

## フリーの統計処理ソフト R を用いて

土田義郎

## 1. はじめに

　ここではまず，統計パッケージである「R」について概観する。ごく基本的な内容であるので詳細については他の書を参照していただきたい。その後に，建築学分野における景観評価に対して，PAC 分析を応用した手法を用いた事例を示すものとする。その際に「R」によるクラスター分析の手続きを示し，PAC 分析におけるクラスター分析の手続きの参考となることを意図している。

　なお，ここでは Windows PC を対象としてすべて記述している。Mac や UNIX を用いる場合については，本手順を参考の上適宜応用されたい。ちなみに本章で前提としている PAC-Assist は，Windows 上の Excel でのみ動作を確認しており，他の環境における動作は保証していない。

## 2.「R」とは

　統計ソフトといえば，古くは SPSS や SAS が有名である。このほかにも市販されているものが世の中には数多くある。「R」はフリーソフトという点が一番の特徴である。市販の統計パッケージ「S」のクローンとしてかなりの部分で同等な機能を提供している。フリーソフトといっても，個人が作ったものではなく，オープンソースソフトを開発するGNUプロジェクトの一つとしてとして世界中の統計研究者の手によって日々改良されている。そのため，多くの研究論文において信頼性の高い分析ツールとして認められ，使用されている。

現在ほとんどのソフトはGUI（グラフィカル・ユーザー・インターフェイス）で手続きを進めるものが多いが，「R」では文字を打ち込むことによって手続きを進めるCUI（キャラクター・ユーザー・インターフェイス）が多くを占める。GUIに慣れた身には難しく感じられるが，手続きをテキストファイル（スクリプトと呼ぶ）として記録できるため，定型的な作業を進めるうえでは逆にコピー・アンド・ペーストで簡単に実行できるという面もある。現在はGUI化するRStudioという統合開発環境もある。

強力なグラフィックス出力もその特徴の1つである。高精細なグラフ・数式などを描くことができ，カスタマイズの自由度も高い。それを他のソフト上で扱うことも簡単である。

また，オブジェクト指向を実現しており，データはいくつかの要素をまとめた構造体として1つの変数で表すことができる。行列も1つの変数で表されるので数式処理を簡明に記述することができる。「R」は単なる統計パッケージではなく「R」という言語の環境としてもとらえることができる。

PAC分析におけるクラスター分析では1つ特徴的な留意点がある。それは，非類似度行列を使っていることである。このようなことが可能な統計ソフトは限られている。市販ソフトとして人気の高いJMPもすべてデータは「変数×ケース（$m \times n$）」という行列であることが想定されているため，「変数同士の非類似度行列（$m \times m$）」をクラスター分析に持ち込むことはできない。非類似度行列も行列であることに変わりはないので見かけ上分析できてしまうが，それは非類似度行列を「変数×ケース」とみなし，そこから新たに非類似度を求めているのである。2重の操作をしているため正しい分析にはならない。非類似度行列を直接クラスター分析にかけるという処理が可能なソフトは，筆者の知る限りHALBAU（HALWIN），SPSS，SそしてRの4つのみである。

## 3. 俯瞰夜景の認知構造の分析

### 3-1　景観評価について[1)]

都市景観はそれ自体文化的価値を有するものという認識が近年高まっている。各地においてまちづくり活動が行われるなかで，景観を良くすることが地域のアイデンティティを涵養するものとして重視されている。景観法という法律も2004年に施行され，自明な価値として景観が認識されるようになっている。

まちなみの景観についてはその歴史性も含め，様々な研究が行われている。一方，都市の景観の特異点である俯瞰景観についてはそれほど研究の積み重ねがない。筆者らは，その点に着目した研究を推進してきた（川崎他，2008；土田他，2009)。これらは明るい昼間の景観を中心として扱ってきたが，俯瞰景観の特徴の1つは夜景である。日本三大夜景（函館，神戸，長崎）のように名所として知られているものがある。これらはいずれも街路景観ではなく，近隣の山腹や頂上から眺める俯瞰景観である。また，全国的な知名度はなくとも各地域で夜景スポットとしてローカルな人気をもつ場所も多い。山や高層の建物から俯瞰する都市の夜景は，光の色や量，配置などによって印象に大きな差異が見られる。

これらの夜景は，どういうものが好まれているのであろうか。美しいと認識される条件は何なのだろうか。これらを明らかにすることは，俯瞰される側の都市のまちづくりにつなげることができる。また，近年は省エネルギーが重要視されている。照明に用いるエネルギーを節約しても美しいと感じる夜景を創出することにもつながるものである。

### 3-2　実験方法について

**(1)　対象とする夜景**　　景観を評価するには，それを実験参加者に提示する必要がある。記憶に残っている景観を列挙させるという方法をとれば，PAC分析の自由連想と近いものとなる。しかし，見たことのある夜景にも限りがあり，

1　ここで示す結果は，2009年12月9日に実施されたPAC分析学会第4回大会にて筆者が口頭発表した「俯瞰夜景の心理的評価構造に関する研究」に基づいている。

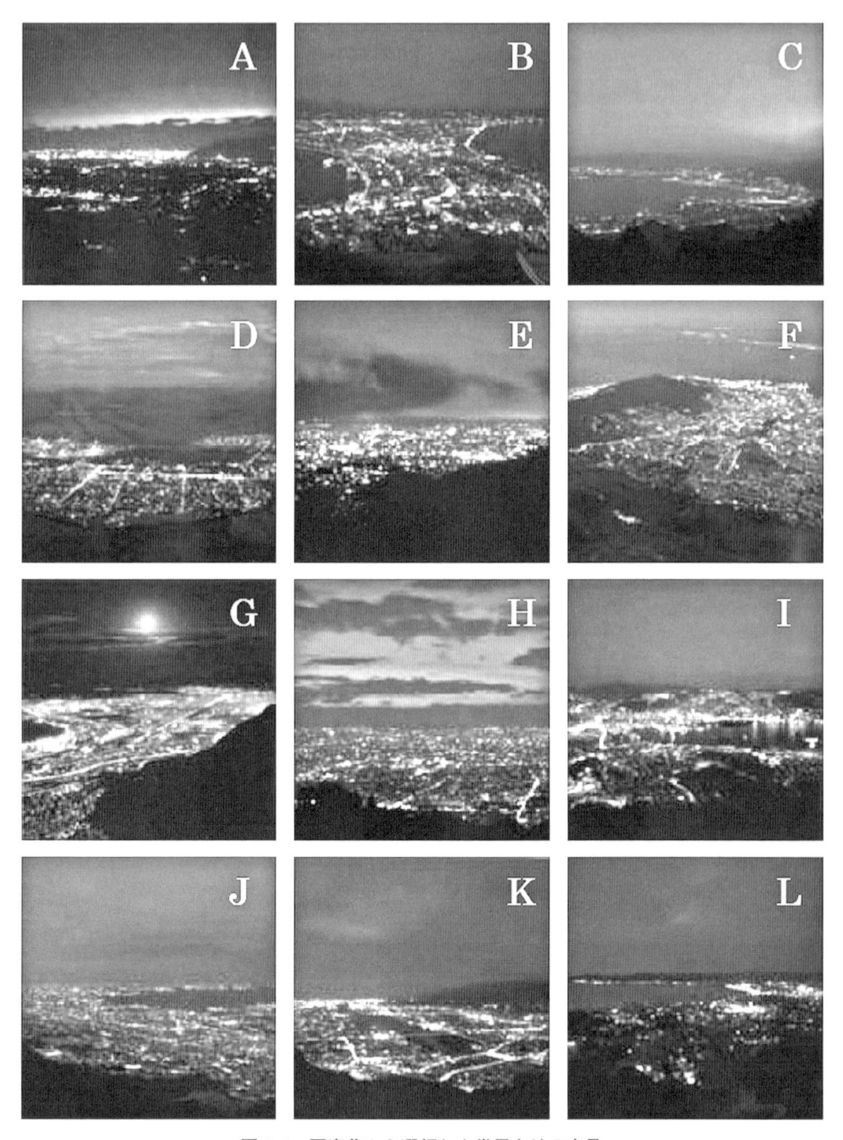


図3-1　写真集から選択した世界各地の夜景

図 3-2　石川県内の夜景

参加者によってどこを見たことがあるかも異なる。記憶違いのようなあいまいさも多く考えられ，詳細な検討には適当ではない。かといって，実物をその場で見せることは不可能である。そこで実験者側でいくつかの夜景の写真を用意し，それらを連想したものの代わりに用いることとした。こうすることですべての参加者に共通な夜景対象を見せ，印象を想起させることができる。

実験は2通り行った。実験1では写真集の画像を用いた。海外の夜景も含めて多様な風景を比較することができる。しかし，撮影条件が統一されたものではなく，またフィルターなども使用して美しく見えるように加工されている可能性もある。そのため実験2として，撮影条件を実験者側でコントロールでき，なるべく現実に忠実な写真による評価を行う。撮影したのは，石川県の夜景であり，撮影地点は8箇所である。同じ場所で方向を変えて撮影したものも含め，全部で12通りの写真を評価刺激として用意することとした。写真集（丸田，2001）から集めた画像（A ～ L）を図3-1に，自身で撮影した写真（a ～ l）を図3-2に示す。

写真集の画像は，スキャナで高解像度のカラー画像として取り込んだ。印刷する際には元の写真をできる限り再現し，不自然でないよう画質をマニュアルで調整した。石川県内で撮影した写真はすべてホワイトバランスをオート，測光モードをマルチパターン測光，画角を標準ズームレンズの広角側の18 mmとした。写真集の写真のサイズは，縦長であったり横長であったり，すべて異なるものであった。そこで画像をトリミングし，正方形（出力したものは一辺200 mm）に統一した。

**(2) 実験手法**　PAC分析では教示文から自由連想を行い，その語同士の類似性を判断させるが，ここでは，あらかじめ用意した景観写真同士の類似性を判断させる。オリジナルのPAC分析とは異なるが，このような景観の心理評価にも適用範囲を広げることができる。建築や商品開発のような分野でも今後PAC分析を利用するうえでの参考になるものと考えている。

さらに，共通化された各対象について，ME法やSD法のような量的評価手法も取り入れることができる。そのような手段により，対象同士のイメージの系統的比較が可能となる。本実験においては，「美しさ」「好ましさ」を主観的に段階で評価する評定尺度を用いた。

実験参加者は，10代2名，20代8名，30代2名，40代2名，50代1名の計15名である。まず用意した夜景写真をランダムな順序で12枚すべて見せ，その写真から美しさと好ましさについて5段階で評価をしてもらう。尺度の判断は個人の主観に委ねており，各段階について「ややあてはまる」のような評価語は教示していない。

次に，PAC分析に準じた面接を行う。ランダムに取り出した2枚の写真を見せ，似ている関連性が強いか弱いかを主観的に評価してもらう。これらを繰り返し，対象となる夜景写真の全体の非類似度行列を得る。ここでは筆者の作成したPAC-Assistという支援ツールを用いてランダムな比較対の選択，直感的な類似度入力を実現している。

非類似度行列を統計ソフト「R」によってクラスター分析にかけ，参加者と話し合いながらクラスターの分節を行った。また，得られた分節によるグループ内での共通点や相違点なども参加者から聞き出した。これらにより，全体的な認知構造を明らかにする。

表3-1は参加者1の評価対象に対する非類似度行列である。PACAssistを使

表3-1　参加者1の各景観画像に対する非類似度行列（実験1）

| | A | B | C | D | E | F | G | H | I | J | K | L |
|---|---|---|---|---|---|---|---|---|---|---|---|---|
| A | 0 | 78.2 | 84.4 | 91 | 40 | 57.9 | 49.9 | 53.9 | 62.6 | 60.4 | 93.1 | 53.5 |
| B | 78.2 | 0 | 60 | 33.1 | 71.3 | 40.4 | 33.5 | 41.9 | 60 | 59.7 | 19 | 13.1 |
| C | 84.4 | 60 | 0 | 17.9 | 88 | 17.1 | 28.8 | 53.1 | 45.5 | 71.3 | 31 | 29.9 |
| D | 91 | 33.1 | 17.9 | 0 | 43.3 | 20 | 67 | 76.8 | 60 | 32.4 | 68 | 45.5 |
| E | 40 | 71.3 | 88 | 43.3 | 0 | 55.3 | 51.3 | 37.1 | 57.1 | 50.2 | 77.1 | 58.6 |
| F | 57.9 | 40.4 | 17.1 | 20 | 55.3 | 0 | 45.1 | 28 | 80.4 | 97.5 | 61.1 | 68 |
| G | 49.9 | 33.5 | 28.8 | 67 | 51.3 | 45.1 | 0 | 60.8 | 30.2 | 40.4 | 24 | 37.5 |
| H | 53.9 | 41.9 | 53.1 | 76.8 | 37.1 | 28 | 60.8 | 0 | 67 | 72 | 39.7 | 75.7 |
| I | 62.6 | 60 | 45.5 | 60 | 57.1 | 80.4 | 30.2 | 67 | 0 | 38.2 | 32 | 60.8 |
| J | 60.4 | 59.7 | 71.3 | 32.4 | 50.2 | 97.5 | 40.4 | 72 | 38.2 | 0 | 38.6 | 79 |
| K | 93.1 | 19 | 31 | 68 | 77.1 | 61.1 | 24 | 39.7 | 32 | 38.6 | 0 | 39 |
| L | 53.5 | 13.1 | 29.9 | 45.5 | 58.6 | 68 | 37.5 | 75.7 | 60.8 | 79 | 39 | 0 |

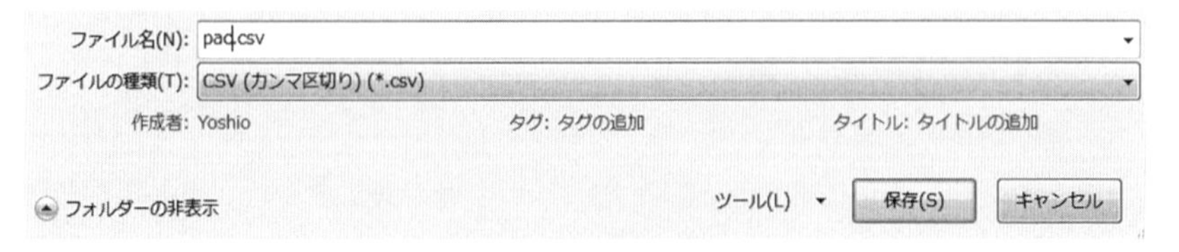


図 3-3　データの保存

用しているため非類似度の数値は 0 から 100 までの数値となっている。また，評価はスクロールバーによっているため，分解能は細かく設定できる。PAC-Assist では小数点以下第 1 位までの分解能があるので，同値となるケースはかなり小さい。通常の PAC 分析では先頭の行と列は自由連想語，2 行目以降がデータとなる。

これを「R」によってクラスター分析にかけていくが，その手順を以下に示す。

**①　「R」のインストール**

最新の Windows 版は http://cran.ism.ac.jp/ よりダウンロードできる。RjpWiki などを参考にインストールされたい。

**②　データファイルの作成**

表 3-1 のような表がエクセルによって得られているとしたとき，一番左の列を除いてコピーし，新しいファイルに貼り付ける。左列は先頭行と同じなので冗長な情報となる。「R」では不要である。これを csv 形式（データの区切りがカンマであるテキストファイル：Comma Separated Value）で，適当な名前（例えば pac.csv など）をつけて保存する。「ファイルの種類」を CSV としておく（図 3-3）。

**③　R の起動**

「R」を起動させると，「>」のあとにカーソルが点滅している画面（プロンプト）となる。カーソルの部分に以下のようなスクリプトを打ち込むことで，クラスター分析が実行できる。1 行ずつ貼り付け，逐次実行させてもよいが，このとおりに打ち込んだファイルを用意してコピー・アンド・ペーストで R に実行させるのが最も効率的である。

```
data <- read.table(file.choose(),header=TRUE,sep=",")
d <- as.dist(data)
ans <- hclust(d,method="ward.D2")
plot(ans,hang=-1)
```

最初の行はdataというオブジェクトにファイルのデータを格納する処理である。<-は最初のオブジェクトに対して格納するという演算子である（"＝"でも可）。ここでは，read.table()という関数によって，行列の形で数値がdataというオブジェクトに入力される。()の中はオプションである。最初のオプションは，データを格納したファイル名である。ここでは，file.choose()という関数によってGUIでファイルを選択している。2番目のオプションは，ヘッダーの指定である。ここでは表3-1に示すとおり，評価対象を表す変数（一般的にはPAC分析の場合には自由連想語となる）が格納されているのでTRUEとする。3番目のオプションは，データの区切り（セパレータ）が何かを示している。ここではcsv形式でファイルを保存したので，カンマを指定している。

2行目は，読み込んだdataを距離行列（つまり非類似度行列）に変換し，dというオブジェクトに格納している。

3行目は，階層的クラスター分析の結果をansというオブジェクトに格納している。階層的クラスター分析はhclust()という関数で()のオプションは，最初に分析すべきデータ（ここではd），2番目に分析手法（ここではウォード法）を指定している。

4行目は，描画の関数plot()である。これによってクラスター分析の結果であるデンドログラムが，グラフィクスとして表示される。この関数では，まず何を描画するのかを指定し（ここではans），次にデンドログラムの書き始めの位置を揃えるオプション（hang=-1）となっている。

**④　インタビューの実施**

得られたデンドログラムを印刷する。プリンターがなければ，紙にフリーハンドで書き写してもよい。距離（線の長さ）は必ずしも正確である必要はない。結節される対象と順番の相対的な関係が保持されていればよい。「R」では縦向きにデンドログラムが表示されるが，印刷してしまえば向きは関係ない。論文

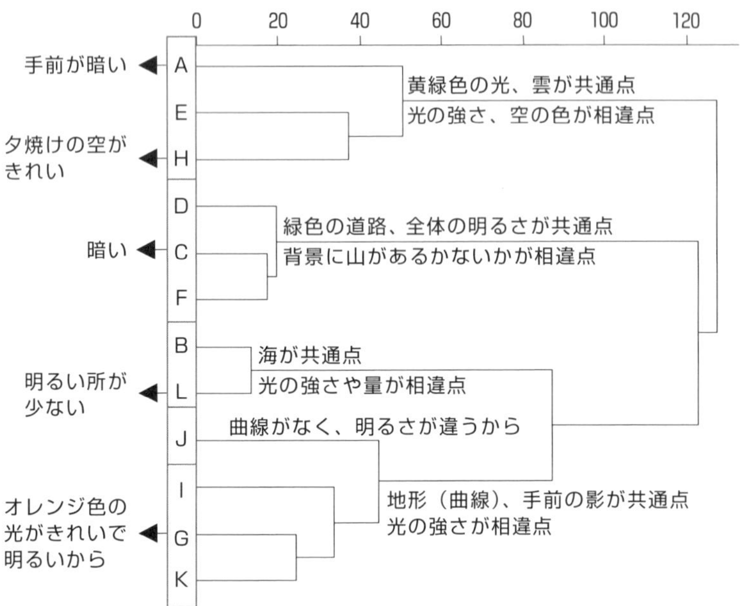
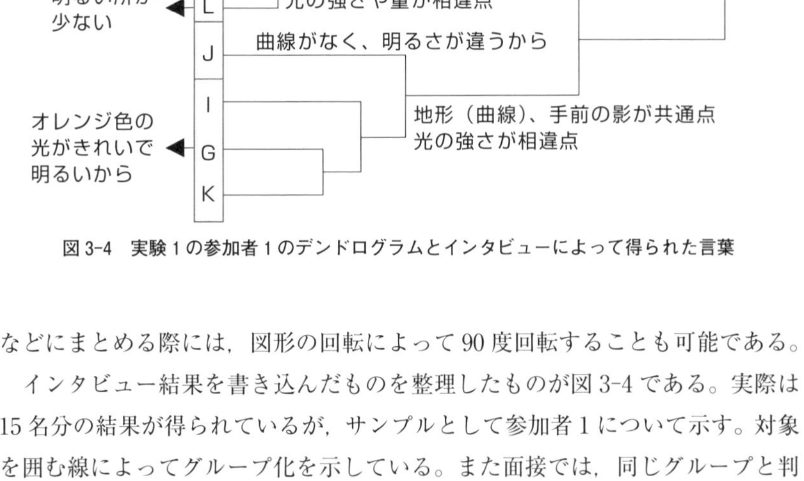


図3-4　実験1の参加者1のデンドログラムとインタビューによって得られた言葉

などにまとめる際には，図形の回転によって90度回転することも可能である。

インタビュー結果を書き込んだものを整理したものが図3-4である。実際は15名分の結果が得られているが，サンプルとして参加者1について示す。対象を囲む線によってグループ化を示している。また面接では，同じグループと判断した夜景の「共通点」と，他のグループとの「相違点」にとくに着目させている。デンドログラム上にはそれらの指摘を中心に記した。一方，夜景そのものを評価した言葉等については左側に記している。

## 3-3　実験結果と考察

**(1) 実験1：写真集の画像を用いた実験**　まず，美しさと好ましさの評価について，全体的な傾向を示す。図3-5，3-6はそれぞれの尺度について，参加者全員の平均と標準偏差を表したものである。プロットが平均値，上下に伸びた縦棒は標準偏差を表す。

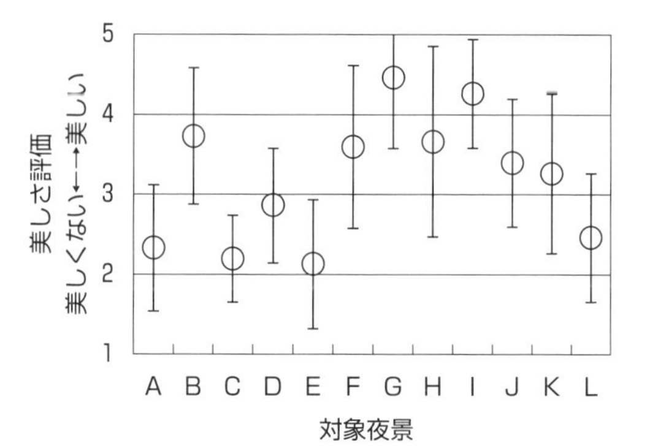


図 3-5　美しさの評価の平均（実験 1）

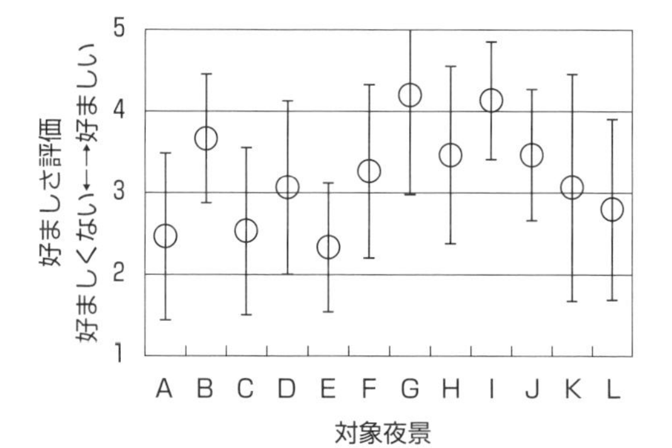


図 3-6　好ましさの評価の平均（実験 1）

「美しさ」の評価についてはGとIは評価が高く，A，C，Eは評価が低い。「好ましさ」の評価でも同じことがいえる。「美しさ」と「好ましさ」の評価傾向は，概ね似ている。標準偏差を見ると，どの夜景も各参加者の評価にある程度のばらつきがあることがわかる。好ましさの方が全体にばらつきが大きいのは，美しくても好きではなかったり，美しくなくても好きであったりという個人差が大きく表れていると考えられる。

対象夜景間の差に着目すると，「美しさ」の標準偏差ではHの夜景でばらつきが大きく，Cの夜景では小さい。また，「好ましさ」の標準偏差ではKの夜景でばらつきが大きい。Hの夜景の評価でばらつきが大きい理由としては，空の色が特徴的だったことが考えられる。Hだけが赤い夕焼けの空であった。またCの夜景は，湾や空の範囲が多く青色のイメージが強い夜景となっている。色による変化が少なく，単調な印象を与えたことが一因として考えられる。

参加者1の面接結果（図3-4）を見ると，光の明るさや空の色に関する言葉が多い。光の明るさや空の色から夜景の類似性を判断していると考えられる。評価の高い夜景はオレンジ色の光や空の色などの理由がみられ，評価の低い夜景は暗いという理由がみられる。

このような分析を全参加者について行った。面接結果から，「空の色」，「光の色」，「光の範囲」，「角度」，「地形」などが認識されていることがわかった。これらは夜景の類似性を判断するうえで重要な要素だと考えられる。夜景そのものを評価するような言葉を見ると，肯定的（否定的）評価となった理由の頻度の高いものを表3-2に示す。肯定的評価では「光が広範囲に広がっていてきれい」，「光にコントラストや強弱がある」，「道路の光がきれい」などが建築や都市に関わる。「水面に反射してきれい」というのは立地に依存する。水辺があることで光の魅力が増していると考えられる。「光にコントラストや強弱がある」という指摘から，ライトアップされた場所があることが美しい夜景につながっていることが示唆される。街路灯については安全面を考慮する必要があり，光の色などを自由に変えるのは難しい。しかし「道路の光がきれい」というのは，車のテールランプなどだけではなく，当然街路灯の光の色や並び方も関わっている。工夫する余地は十分あると考えられる。否定的評価としては，「暗い」という指摘が圧倒的である。また，「光が少ない」，「光の範囲が狭い」などの指摘もある。

表3-2　肯定的評価と否定的評価（実験参加者15名の合計）

| 肯定的評価 | 指摘数 | 否定的評価 | 指摘数 |
|---|---|---|---|
| 光が広範囲に広がってきれい | 9 | 暗い | 14 |
| 光が水面に反射してきれい | 8 | 光がはっきりしてない | 8 |
| 光にコントラストや強弱がある | 8 | 光が少ない | 7 |
| 空の色が好き | 7 | 空の色が嫌い | 7 |
| 街がきれい | 7 | 光の範囲が狭い | 3 |
| 道路の光がきれい | 6 | さびしい感じがする | 3 |

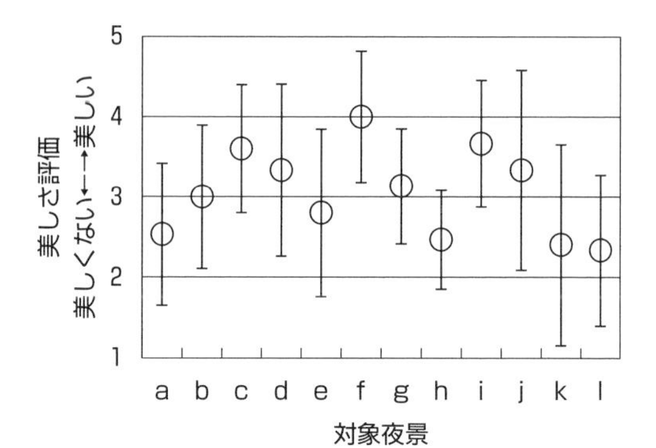


図 3-7　美しさの評価の平均（実験 2；縦棒は標準偏差を示す）

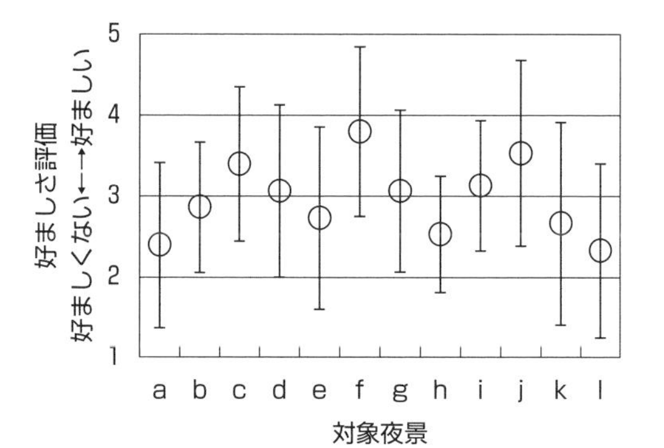


図 3-8　好ましさの評価の平均（実験 2）

**(2) 実験 2：石川県内の写真を用いた実験**　美しさと好ましさの評価値（5段階）の平均と標準偏差を図 3-7，3-8 に示す。図 3-7 の美しさの評価については，c，f，i の評価が高く，h，k，l は低い。好ましさの評価でも同様な傾向である。標準偏差はどの夜景も同程度のバラツキを示している。実験 1 では好ましさの方が標準偏差が大きい傾向があったが，実験 2 ではそれほど顕著な違いはみられない。

表 3-3 に実験 2 における参加者 1 から得た非類似度行列を示す。「R」によるクラスター分析の手順は重複するので割愛する。これから得られたデンドログラムに基づいた面接結果を図 3-9 に示す。

表3-3　参加者1の各景観画像に対する非類似度行列（実験2）

| | a | b | c | d | e | f | g | h | i | j | k | l |
|---|---|---|---|---|---|---|---|---|---|---|---|---|
| a | 0 | 12.8 | 32.4 | 60 | 45.9 | 61.5 | 50.2 | 20 | 92.8 | 30 | 10 | 41.1 |
| b | 12.8 | 0 | 9.1 | 67 | 51.7 | 40 | 30 | 28.4 | 71.3 | 20 | 30 | 40 |
| c | 32.4 | 9.1 | 0 | 60 | 21.1 | 59.7 | 40 | 32.8 | 68.4 | 30 | 30 | 30 |
| d | 60 | 67 | 60 | 0 | 48.4 | 61.1 | 20 | 70 | 58.6 | 76.4 | 73.9 | 80 |
| e | 45.9 | 51.7 | 21.1 | 48.4 | 0 | 62.2 | 37.5 | 20.4 | 70 | 58.2 | 68.8 | 66.6 |
| f | 61.5 | 40 | 59.7 | 61.1 | 62.2 | 0 | 20 | 27.3 | 39.7 | 60 | 66.2 | 82.2 |
| g | 50.2 | 30 | 40 | 20 | 37.5 | 20 | 0 | 65.9 | 80 | 71 | 87.7 | 70.2 |
| h | 20 | 28.4 | 32.8 | 70 | 20.4 | 27.3 | 65.9 | 0 | 76.4 | 52.8 | 23 | 8.8 |
| i | 92.8 | 71.3 | 68.4 | 58.6 | 70 | 39.7 | 80 | 76.4 | 0 | 70 | 93.1 | 90 |
| j | 30 | 20 | 30 | 76.4 | 58.2 | 60 | 71 | 52.8 | 70 | 0 | 20 | 83 |
| k | 10 | 30 | 30 | 73.9 | 68.8 | 66.2 | 87.7 | 23 | 93.1 | 20 | 0 | 0.1 |
| l | 41.1 | 40 | 30 | 80 | 66.6 | 82.2 | 70.2 | 8.8 | 90 | 83 | 0.1 | 0 |

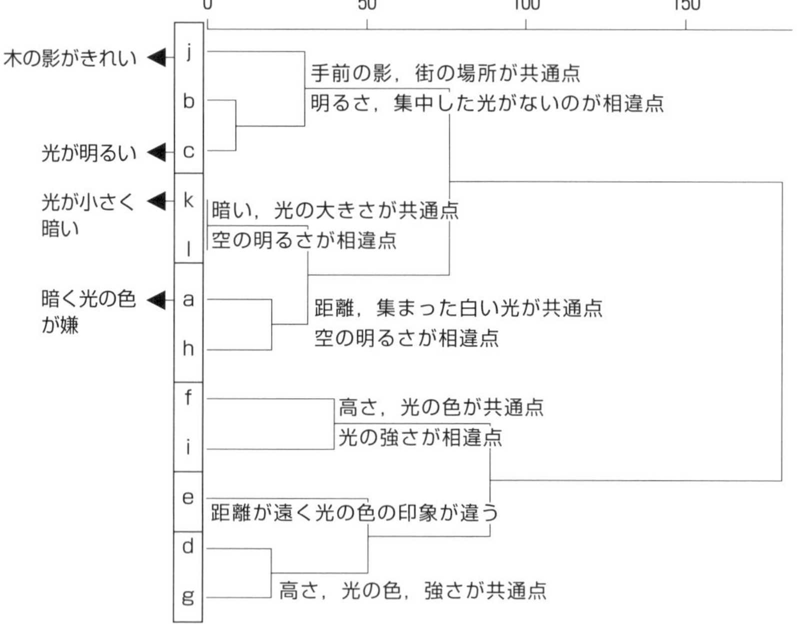


図3-9　実験2の参加者1のデンドログラムとインタビューによって得られた言葉

表 3-4　肯定的評価と否定的評価（実験参加者 15 名の合計）

| 肯定的評価 | 指摘数 | 否定的評価 | 指摘数 |
|---|---|---|---|
| 光が強い，明るい | 8 | 暗い | 17 |
| 光の色がきれい | 7 | 家，電柱，木の影がある | 7 |
| 木の影がきれい | 7 | 光の量が少ない | 3 |
| 道路の光がきれい | 6 | 建物の形が見えて嫌 | 3 |
| 建物からの光がきれい | 4 | 光の範囲が狭い | 3 |
| シンボルがある | 4 | 霧が嫌 | 2 |

図 3-9 を見ると，実験 1 の写真集の実験と同様に光の明るさや色，空の色に注目していることがわかる。類似点と相違点で共通する指摘の全参加者の集計（表 3-4）を見ると，「光の明るさ，強さ」，「光の広がり方」，「光の範囲」，などがあがった。「距離」，「空」，「木の影」なども参加者によっては認識されている。「光の範囲」と「道路の光」，「暗い」といった指摘は実験 1 の写真集の実験と共通している。実験 1 では反射した光など光の状態の指摘が多かったのに対し，実験 2 では「建物」に関する指摘が多くあり，「木の影」といった自然に関する指摘が現れた。

## 4. まとめ

2 つの実験で得られたデンドログラムより，指摘の多い言葉を取り出し，俯瞰夜景の一般的な好ましさの評価構造を推定する（図 3-10）。

光の数では数が多いと美しいという評価につながるが，少ないと美しくないという評価になる。しかし個々の光を強くすることで好ましいという評価につなげることができる。また，光に強弱をつけることで好ましさにつなげることができる。光の数や範囲を多くしなくても好ましい夜景を創り出せることが示唆されている。美しさ，好ましさには，光の量，光の色，街路構造といったものが関係している。

ライトダウンした夜景でも美しいと感じるには，光の数が少ないなかでも強弱をつけ，オレンジ色のような特徴的な光色を用い，シンボルを強調すること

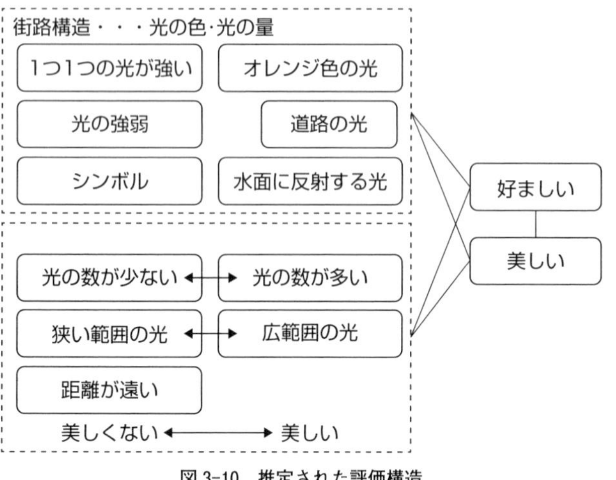


図3-10　推定された評価構造

で実現できると考えられる。道路の光は安全面上暗くできないのでライトダウンにつなげるのは難しいが，各照明器具の配光分布を工夫することで美しい夜景につなげることができる。

PAC分析は，個人の認知構造を知るための手法として用いることができるのはもちろん，このように，人間の共通な認識の構造を枠組みとして描き出すこともできる。認知構造がわかることで，その語より詳細な検討を加えていったり，実際の空間デザインの工夫を行ったりするときのヒントとすることもできる。改めて本手法の汎用性を示すことができたと感じている。

**参考文献**

川崎寧史・土田義郎・下川雄一（2008）．金沢都心部における眺望景観の全体と部分の印象評価，日本建築学会環境系論文集，no. 627，pp. 669-677.

丸田あつし（2001）．LIFESCAPE　息づく夜景――丸田あつし写真集　角川書店

土田義郎・川崎寧史・下川雄一（2009）．評価グリッド法を用いた俯瞰眺望景観に対する心理的評価の傾向分析　日本建築学会環境系論文集，*74*(642)，907-913.

# 第4章

# 間主観的アプローチとしてのPAC分析
## KJ法の援用による簡易方式の試み

野口康彦

## 1. 問題と目的

### 1-1 心理臨床と質的研究

心理臨床とは，対人支援としての臨床実践を基盤とし，何らかの心理的な悩みや困難を抱える人に対して，心理学的な知識や技法を用いて支援するという，実践および研究活動である。心理臨床を含む心理学の研究方法には，「観察」，「実験」，「測定」，「調査」，「検査（テスト）」，「事例研究」が挙げられる（詫摩，2007）。心理学における研究の眼目は，現象を記載しあるいは観察し，そこから何らかの法則を見出し，知識の体系をつくる営みであると言えよう。しかしながら，人間の悩みや苦しみを対象とする心理臨床研究に科学の視点をもちこもうとすると，その事象に対して，実践者や調査者（あるいは観察者）の主観が関与するという前提が生じる。例えば，心理臨床の研究を代表する手法である事例研究は，クライアントの「主観的体験の語り」を最大限に尊重するという基本姿勢をとるが，その事象に観察者の主観が組み込まれている，という困難な事情がある。心理臨床研究が人間の科学として主張するためには，事象を記載し，そこに何らかの法則を見出すことが望ましい。

当事者あるいは情報提供者（インフォーマント）の生活場面や語りに焦点を当て，主観的な意味内容に焦点を当て解釈的理解を行う研究法を質的研究法と呼ぶことがある。質的研究とは，データの収集や分析や結果の報告において，数量化という形式に頼るのではなく，当事者やインフォーマントの語りといった言語的な表現を重視し，その主観的な意味内容に焦点を当てて解釈的理解を行う研究方法を示している。データの多くは数値化されないものであり，その代表的なものはテクスト（文章記述）であり，データの収集法としては，研究者による参与観察や面接がその主なものである。質的研究とは，被験者が表現した内容に関して，その主観的な意味内容に焦点を当てて，状況や場面，そして被験者自身を含めた文脈の全体性について，解釈的理解を行う研究法である。質的研究の長所は，被験者の内的世界を取り扱えるという点にあるが，短所として，科学的実証性や客観性の低さがしばしば挙げられるだろう。

フリック（Flick, 1995）は，心理学の分野において「旧来の心理学的研究では，事象をその具体的な日常的文脈との関連で詳しく詳述されることがないがしろにされていた」と述べている。また，人（主体／主観）と状況との結びつきのある主張を，実証的に根拠のある形で生み出すことを質的研究は目指すとしている。量的研究の基本となっている認識論は実証主義であり，それは近代科学の認識論とほぼ同義語である（斎藤，2013）。心理学の分野では，単一のサンプルの内容や特徴を調査する質的研究よりも，科学的実証主義の影響を強く受けている量的研究の方が主流となっていた。しかし，心理臨床の研究対象には，数量化や変数として取り扱えない事例が多いことから，複数の当事者やグループを詳しく調べる質的研究が増えてきている。

### 1-2　間主観的アプローチとしてのPAC分析

PAC（Personal Attitude Construct）分析とは，内藤（1993）によって創案された質的研究法であるが，その一方で，個人を全体的にとらえようとする観点を採用し，対象者の内的な世界を間主観的に理解しようとする性質を有する。内藤（1997）は「実験者の支援を受け，フォーカシングに似ている」と述べており，PAC分析では，被験者が自身の連想項目のクラスター構造から生じるイメージを感じながら探っていく過程を通じて，被験者は今まで意識してこなかった当該テーマに対する自らの態度に気づくことができる。

藤掛（2016）はPAC分析について，「量的手法（クラスター分析）と質的手法（自由連想）を統合した間主観的アプローチである」との認識を示しつつ，連想項目による「ちらばり」とデンドログラムの析出にみる「まとまり」との相互の方向性を内包する性質をもつと指摘している。拡散的機能と収束的な機能を有するPAC分析は，実践者や調査者（あるいは観察者）の主観が関与する影響を排しつつ，クライアントの「主観的体験の語り」を最大限に尊重するという基本姿勢をとるインタビュー法としての性質をもつと言ってよいだろう。

### 1-3　本稿の目的とKJ法について

上述したように，PAC分析は質的研究方法の一つであり，間主観的なアプローチの機能をもつため，インタビューの手法として独自の機能を発揮する。だが，樹形図を析出するまでには時間がかかるうえに，パソコンを用いてクラスター分析を行うために，器材やソフトも必要である。筆者のこれまでの経験から言えば，刺激文を提示してから樹形図を作成するまでの時間は約1時間を要する。そこから樹形図を用いたインタビューに入るが，そこに至るまでには，調査者および調査協力者ともに一定の労力を必要とする。また，パソコンや印刷機器の使用が不可という環境下では実施できないという弱点がある。

そこで，本稿では，連想項目を被験者が自らグループ化し，カテゴリー名をつけるという簡易方式を実験的に試みることにした。具体的には，KJ法（川喜多，1967）の手法により連想項目を被験者らが意味の近いもの同士を隣り合わせ，そして最終的には3つの群に分け，カテゴリー名をつけてもらうというものである。さらに，PAC分析の手順に従い，被験者に連想項目間の類似度評定を行い，類似度距離行列を用いたクラスター分析から樹形図（デンドログラム）を析出し，同じく，各クラスターのカテゴリー名をつけてもらう。この両方を比較しながら，連想項目やカテゴリーの異同について検討する。実験においては，7名の大学生が被験者となり，協力をしてもらった。果たして，KJ法の手法を用いたグループ分けと類似度距離行列を経てクラスター分析を行ったカテゴリー（クラスター）とは，その量や質においてどのような違いがみられるのであろうか。また，この両方を比較することにより，PAC分析を用いたインタビューにはどのような特性があることが確認されるのかという点を中心に考察を行った。なお，PAC分析では，「調査者」あるいは「調査協力者」という用語を使用することがあるが，ある心理的なテーマを検討することが本稿の目的ではないため，実験の協力者については，「被験者」という呼称を用いることにした。

KJ法は日本の文化人類学者・川喜田二郎が自分自身の学術調査の必要性から実学的につくり出した発想法（川喜田，1967）である。田中（2011）は，KJ法には大きく分けて1967年版，1986年版，1997年版の3つのバージョンがあるとしながら，1986年版以降のKJ法の手順として，①ラベルづくり，②グループ編成（ラベル拡げからラベル集め），③図解化，④叙述化という手順を示している。質的なデータの情報量（テクスト）が膨大な場合であっても，KJ法を用いることにより，ある一定のデータの整理（グループ化）を行うことができる。また，ラベルづくりからグループ化そして図解化のプロセスにおいて，調査者は自己の主観により，新たな仮説の発見を行うことも可能である。山浦（2012）はKJ法を基礎においた質的統合法を提唱しており，そこでは「研究テーマの内容に応じて単位化の要領を設定」することが述べられている。従来のKJ法であれば，研究テーマを念頭においたラベルづくりはしないが，これもKJ法の変法であると言えよう。ただし，田中（2011）が「KJ法とは質的データを分類することを通じて新たな発想を生み出すことを目指した研究法であり，グループ化することが目的ではない」と指摘しているように，質的調査においてKJ法を使用する場合は，「KJ法におけるグループ分けの手法を使った」といったような記述の仕方の工夫が必要であろう。

## 2. 方　　法

### 2-1　実験協力者と日時

筆者が担当している授業を履修している大学3年生の学生7名が実験の協力者となった（以後，被験者とする）。性別の内訳は，女性が5名，男性が2名であり平均年齢は20.6歳であった。実験を施行した日時は，2013年10月1日と同月8日，そして15日の3回にわたって行った。実験は専門演習Ⅱの授業の時間の一部を使い，実際に要した延べ時間は，約110分であった。

### 2-2　倫理的配慮

被験者の7名に対して，実験の目的について説明し，その結果を論文等として公表することの旨を伝え，全員から了承を得た。連想項目やカテゴリー名，およびインタビューについては被験者の言葉を用いているが，本人が特定できないような表記の仕方の工夫をしている。

### 2-3　手続き

**(1)　1回目**　1回目は被験者に対して実験の趣旨を説明し，実験は3回にわたって行うことを確認した。提示刺激文（質問）は，印刷された以下の文章をホワイトボードに板書し，実験者が口頭で読み上げた。

> 提示刺激文：
> 「大学卒業後の進路について，頭の中に思い浮かぶ言葉やイメージをカードに記入してください。20枚程度記入してください」。

連想項目を20項目程度としたのは，被験者にある程度の上限を提示し，枠組みを設定することで，実施に伴う緊張や不安を和らげることが目的であった。内藤（2002）は連想項目の数の指定について言及していないが，無制限としても30を超えるケースは少ないと述べている。筆者の経験では，20項目を目途とするなど，ある程度の連想項目数の指定をしないと，連想項目の総数が10個以下と少なかったり，あるいは20以上書いてもらっても，重要度の順位で並び替えをする際に20位以降のものに重要性を感じず，重複の要素を見つけることもあり，今回の実験では20項目を指定することとした。結果的には，カードの記入枚数については個人差が生じ，15枚から20枚となった。カード記入後，重要度順に並べ替えてもらい，KJ法の手法を用いて，意味内容が近いと思うカードを集め，3つにグループ化（まとまり）してもらった。1回目はその時点で終了した。なお，連想刺激の提示からカードのグループ化まで要した時間は，30～35分であった。

**(2)　2回目**　2回目は前回の作業によりまとめた3つのグループをそれぞれ

のカテゴリーとし，命名をしてもらった。その後，再度，カードを重要度順に並べ替えてもらい，それぞれのカードに記された言葉の組み合わせが言葉の意味ではなく，直感的にイメージのうえでどの程度似ているかを1（非常に近い），2（かなり近い），3（いくぶんか近い），4（どちらともいえない），5（いくぶん遠い），6（かなり遠い），7（非常に遠い）の7段階（1～7）で評定をしてもらった。それぞれの項目間で評定された意味上の距離を類似度距離行列としてまとめ，ウォード法を用いてクラスター分析を行い，樹形図を析出した。なお，階層的クラスター分析の考え方として，変数同士（連想項目間）の類似度を表す尺度として，距離のように値が小さいほど類似性が高いことを示す場合と，相関係数のように値が大きいほど類似性が高いことを示す場合があり，前者を非類似度，後者を類似度と呼び区別することがある。PAC分析では，項目間の距離が「非常に近い」状態を1としており，このような意味では非類似度であるが，内藤（2002）の記述に従い，本稿では類似度と総称している。なお，階層的クラスター分析の方法においてウォード法を用いているが，これはクラスター内の平方和を最小限にするように考慮した方法であり，ユークリッド平方距離を利用している。

**(3)　3回目**　　3回目は，被験者同士でペアあるいは3人組をつくり，析出した樹形図を使ってクラスター1から順に下位の隣接した項目を読み上げ，項目同士に共通するイメージやそれぞれの項目が結節された理由として考えられることを聞き，本人の言葉を用いて各クラスターのカテゴリー化を行った。また，各連想項目単独でのイメージが＋(プラス）あるいは－(マイナス)，どちらでもない場合は0（ゼロ）のいずれかに該当するかを回答してもらった。そして，比較が容易になるように，KJ法によるカテゴリー化（1回目）と類似度距離行列によるクラスター分析後のカテゴリー化（2回目）の両方を記した用紙を配布し，1回目と2回目カテゴリーの類似度について評定をしてもらった。その結果について表4-1に示した。評定は，非常に似ている＝7，よく似ている＝6，似ている＝5，どちらともいえない＝4，あまり似ていない＝3，似ていない＝2，まったく似ていない＝1とした。そして，KJ法によるカテゴリーとクラスター分析によるカテゴリーとの異同について検討するため，被験者7名

表 4-1　KJ 法によるカテゴリー名とクラスター分析を用いたカテゴリー名との比較

| 調査協力者 | KJ 法によるカテゴリー名 | クラスター分析を用いたカテゴリー名 | 類似度の評定 |
|---|---|---|---|
| Aさん | • 働くこと（10）<br>• 私生活（6）<br>• 心のうち（4） | • 自立することに対する迷い（9）<br>• 避けたいもの（7）<br>• 比例すること（4） | 5 |
| Bさん | • 高確率で実現（11）<br>• 心もち（5）<br>• 願望だけどこうなるかは微妙（4） | • 本来の自分とこうあらなければいけない自分（9）<br>• 楽とこだわり（6）<br>• 明るい一本の道（5） | 2 |
| Cさん | • 自分（7）<br>• 家族（4）<br>• 仕事（4） | • 仕事（7）<br>• 生活（6）<br>• 身体的不安（2） | 4 |
| Dさん | • ネガティブ（9）<br>• ポジティブ（5）<br>• 外見（3） | • お金を稼ぐ（8）<br>• できるようになる事とできなくなる事（6）<br>• 容姿（3） | 5 |
| Eさん | • 働く社会人としての課題（6）<br>• 働く社会人のプライベート（5）<br>• 客観的な働く社会人（4） | • 田舎で良い生活をするために働く（8）<br>• 正社員としての責任をもって仕事をこなす（5）<br>• 専業主婦になる（2） | 5 |
| Fさん | • ネガティブ（8）<br>• 職種（6）<br>• ライフイベント（6） | • はじめてのひとりぼっち（9）<br>• 人生の選択肢（6）<br>• 仕事への前向きな姿（5） | 6 |
| Gさん | • 家庭（9）<br>• 仕事（7）<br>• 住む場所（4） | • 地元への貢献（7）<br>• 夢の生活（7）<br>• 第二の人生（6） | 5 |

にインタビューを行った。

## 2-4　使用分析ソフト：Excel 多変量解析 Ver.5.0（エスミ）

類似度距離行列表で得た類似度評定をもとに，統計ソフト「Excel 多変量解析 ver.5.0（エスミ）」を用いてウォード法によるクラスター分析を行い，樹形図を析出した。多変量解析において似ているものを集めて，いくつかのかたまり分類する手法をクラスター分析と呼ぶ。つまり，データ間の距離を測定し，似ているもの同士をグループにまとめる方法である。クラスター分析には，階層法的方法と非階層的方法がある。PAC分析で使用されるのは階層法的方法である。クラスターの分割の数については，連想項目が20程度という点から，便宜上3つに分けた。

## 3. 結　　果

以下，被験者であった7名のKJ法によるカテゴリー化（1回目）と類似度距離行列によるクラスター分析後のカテゴリー化（2回目）の両方の連想項目とカテゴリー（あるいはクラスター）を記載した。また，両方のカテゴリーのみ表4-1にまとめた。なお，本稿の目的はKJ法によるカテゴリー化とクラスター分析から得られたクラスターによるカテゴリーとの異同を検討することから，各連想項目単独でのイメージが+(プラス）あるいは−(マイナス)，どちらでもない場合は0（ゼロ）の記載については省略した。また，被験者の内的な心理構造を探索することが本稿の目的でないことから，樹形図の記載についても省略するが，樹形図がイメージしやすくするため，インタビューで「全体的には似ているが，細かく見ていくと，KJ法と（クラスター分析後の）クラスターは違っている」と答えたGさんの樹形図（図4-1）を示した。

### 3-1　A さ ん

#### (1) KJ法によるカテゴリー化（1回目）

**【働くこと　10項目】**

⑧親の仕事を継ぐ，⑨上司との人間関係，⑩ルーティンの毎日，⑪働きづめ，⑫休みが欲しい，⑬スーツ，⑭営業マン，⑮通勤ラッシュ，⑰給料の全額，⑱転職

**【私生活　6項目】**

⑤一人暮らし，⑥結婚，⑦貯金，⑯マイカーを持つ，⑲食生活，⑳税金

**【心のうち　4項目】**

①不安，②考えなきゃいけないこと，③自分のやりたいこと，④最大の悩み

(2) 類似度距離行列によるクラスター分析後のカテゴリー化（2回目）

**【クラスター1：自立することに対する迷い　9項目】**

②考えなきゃいけないこと，④最大の悩み，③自分のやりたいこと，①不安，⑥結婚，⑦貯金，⑧親の仕事を継ぐ，⑤一人暮らし，⑲食生活

**【クラスター2：避けたいもの　7項目】**

⑩ルーティンの毎日，⑪働きづめ，⑨上司との人間関係，⑫休みが欲しい，⑭営業マン，⑮通勤ラッシュ⑬スーツ

**【クラスター3：比例すること　4項目】**

⑯マイカーを持つ，⑰給料の全額，⑱転職，⑳税金

## 3-2　B さ ん

(1) KJ法によるカテゴリー化（1回目）

**【高確率で実現　11項目】**

⑰料理が上手になっている，⑮趣味に没頭，⑭好きなものを集める，⑬家族ができる，⑫結婚する，⑪お酒飲んでる，⑧おばあちゃんとたまに会う，⑤働いている，⑥モカが生きている，⑦親孝行，③親友とずっと仲良し

**【心もち　5項目】**

①もっと幸せになっている，②あたたかみのある生活，④心への興味，⑩芸術系の仕事への興味，⑳転職したがる

**【願望だけどこうなるかは微妙　4項目】**

⑨猫と暮らす，⑯妹の結婚式に行く，⑱大学の友達と会う，⑲本をたくさん読む

(2) 類似度距離行列によるクラスター分析後のカテゴリー化（2回目）

**【クラスター1：本来の自分とこうあらなければいけない自分　9項目】**

⑩芸術系の仕事への興味，⑲本をたくさん読む，⑭好きなものを集める，⑮趣味に没頭，⑨猫と暮らす，④心への興味，⑤働いている，⑳転職したがる，⑥モカが生きている

**【クラスター2：楽とこだわり　6項目】**

⑰料理が上手になっている，⑱大学の友達と会う，⑧おばあちゃんとたまに会

う，⑯妹の結婚式に行く，③親友とずっと仲良し，⑪お酒飲んでる

**【クラスター3：明るい一本の道　5項目】**

①もっと幸せになっている，②あたたかみのある生活，⑫結婚する，⑬家族ができる，⑦親孝行

### 3-3　C さ ん

#### (1) KJ法によるカテゴリー化（1回目）

**【自分　7項目】**

⑮一人暮らし，⑭老化，⑬保険，⑩自分，⑧やる気，⑦期待，⑥不安

**【家族　4項目】**

②家族，③地元，⑪マイホーム，⑫近所づきあい

**【仕事　4項目】**

①就職，⑤お金，④会社，⑨上下関係

#### (2) 類似度距離行列によるクラスター分析後のカテゴリー化（2回目）

**【クラスター1：仕事　7項目】**

①就職，④会社，⑥不安，⑩自分，⑦期待，⑧やる気，⑨上下関係

**【クラスター2：生活　6項目】**

②家族，⑪マイホーム，⑤お金，③地元，⑫近所づきあい，⑮一人暮らし

**【クラスター3：身体的不安　2項目】**

⑬保険，⑭老化

### 3-4　D さ ん

#### (1) KJ法によるカテゴリー化（1回目）

**【ネガティブ　9項目】**

④遊べない，⑤会えない，⑥別れ，⑦ひとりぼっち，⑩現実，⑪半沢直樹，⑫厳しい世界，⑬残業，⑭堅い

**【ポジティブ　5項目】**

①大人になる，②自立する，③結婚，⑧給料日，⑮お酒

**【外見　3 項目】**

⑯ヒール，⑰スーツ，⑱黒髪

### (2) 類似度距離行列によるクラスター分析後のカテゴリー化（2 回目）

**【クラスター 1：お金を稼ぐ　8 項目】**

⑪半沢直樹，⑫厳しい世界，⑭堅い，⑬残業，①大人になる，②自立する，⑩現実，⑧給料日

**【クラスター 2：できるようになる事とできなくなる事　6 項目】**

④遊べない，⑤会えない，⑥別れ，⑦ひとりぼっち，③結婚，⑮お酒

**【クラスター 3：容姿　3 項目】**

⑯ヒール，⑰スーツ，⑱黒髪

## 3-5　E さん

### (1) KJ 法によるカテゴリー化（1 回目）

**【働く社会人としての課題　6 項目】**

③残業する，④会社の上司に怒られる，⑤寿退社する，⑩親を養う，⑬接待をする，⑮制服のある職場に就く

**【働く社会人のプライベート　5 項目】**

②結婚する，⑦一人暮らしをする，⑧早起きする，⑨自分の車を買う，⑫地元に戻る

**【客観的な働く社会人　4 項目】**

①正社員として働く，⑥給料が高い，⑪転職する，⑭営業の仕事をする

### (2) 類似度距離行列によるクラスター分析後のカテゴリー化（2 回目）

**【クラスター 1：田舎で良い生活をするために働く　8 項目】**

⑨自分の車を買う，⑫地元に戻る，⑥給料が高い，⑩親を養う，⑪転職する，⑦一人暮らしをする，⑧早起きする，⑮制服のある職場に就く

**【クラスター 2：正社員としての責任をもって仕事をこなす　5 項目】**

⑬接待をする，⑭営業の仕事をする，①正社員として働く，③残業する，④会社の上司に怒られる

**【クラスター3：専業主婦になる　2項目】**

②結婚する，⑤寿退社する

## 3-6　F さ ん

### (1) KJ法によるカテゴリー化（1回目）

**【ネガティブ　8項目】**

④忙しくなる，⑦大変そう，⑬友達と疎遠になる，②さみしい，⑤つらい，⑧お金で悩む，⑭恋人と別れる，⑮親元を離れる

**【職種　6項目】**

⑥一般企業，⑱フリーター，⑰大学院，⑪キャリアウーマン，⑳親の仕事を継ぐ，⑲公務員

**【ライフイベント　6項目】**

①新たな出会い，⑩仕事にやりがいをもつ，①結婚，⑨ライフスタイルの変化，⑫子育て，⑩海外に行く

### (2) 類似度距離行列によるクラスター分析後のカテゴリー化（2回目）

**【クラスター1：はじめてのひとりぼっち　9項目】**

②さみしい，⑬友達と疎遠になる，⑭恋人と別れる，④忙しくなる，⑦大変そう，⑤つらい，⑧お金で悩む，⑮親元を離れる，⑨ライフスタイルの変化

**【クラスター2：人生の選択肢　6項目】**

①結婚，⑫子育て，⑰大学院，⑲公務員，⑱フリーター，⑳親の仕事を継ぐ

**【クラスター3：仕事への前向きな姿　5項目】**

⑪キャリアウーマン，⑩海外に行く，⑥一般企業，①新たな出会い，⑩仕事にやりがいをもつ

## 3-7　G さ ん

### (1) KJ法によるカテゴリー化（1回目）

**【家庭　9項目】**

①出産，②結婚，⑤恋人ができる，④介護，③育児，⑥思い出づくり，⑦ぴんぴんころり，⑫親と同居，⑲ボランティア

**【仕事　7項目】**

⑧就職，⑨昇進，⑬海外勤務，⑯転職，⑩職場復帰，⑱定年退職，⑳長期休暇

**【住む場所　4項目】**

⑩地元に戻る，⑪海外移住，⑭都会暮らし，⑮地方暮らし

**(2) 類似度距離行列によるクラスター分析後のカテゴリー化（2回目）**

**【クラスター1：地元への貢献　7項目】**

④介護，⑫親と同居，⑩地元に戻る，⑮地方暮らし，⑦ぴんぴんころり，⑩職場復帰，⑱定年退職

**【クラスター2：夢の生活　7項目】**

⑧就職，⑨昇進，⑲ボランティア，⑳長期休暇，⑪海外移住，⑬海外勤務，⑭都会暮らし

**【クラスター3：第二の人生　6項目】**

①出産，②結婚，③育児，⑥思い出づくり，⑯転職，⑤恋人ができる

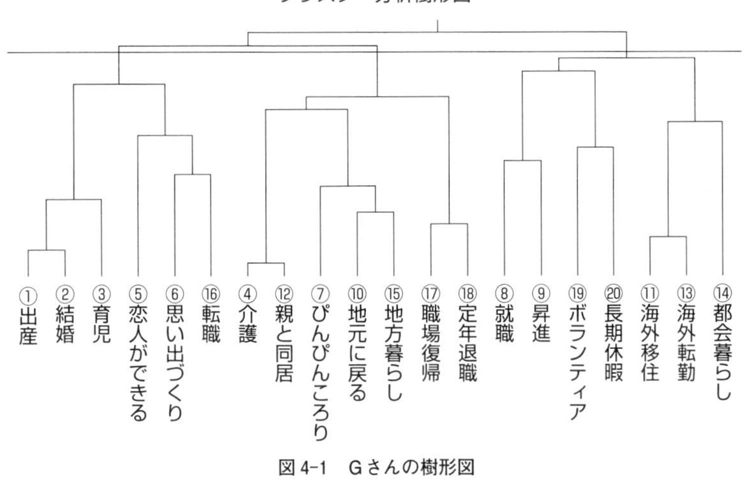


図4-1　Gさんの樹形図

## 4. 考　察

KJ法の手法によるカテゴリーとクラスター分析によるカテゴリーとの異同について検討するため，3回目の施行において，被験者7名から，上記に関する事項についてインタビューを行った。以下，被験者のコメントについて，その概要を述べたい。Aさんは，KJ法によるカテゴリーとクラスター分析によるカテゴリーを比べた際，「ベースは同じであり，KJ法による分類の仕方が違っていたら，似通ったかもしれない」と語った。Bさんは，両方を比べて「なぜ，似ていないのかと考えると，KJ法は似ているもの同士を集めたからで，クラスター分析では，1つのクラスターの中に，違った意味のあるものが入っている」と述べた。Cさんは，「細かくみていくと似ているところがある」と発言し，Dさんは「KJ法の時は，ネガティブとポジティブで分けてしまったので，それに関係のあるものでグループをつくった。1つのグループはまったく同じだった」と語った。Eさんは，「クラスターの中に隣り合っている項目があるが，その近さがわからない。バランスが悪くなるような気がする。個人的にはKJ法がしっくりくる」と話した。Fさんは「全体的に見ると似ている。KJ法で隣り合っていたものが，クラスター分析でも隣り合っている」と言い，Gさんは「全体的には似ているが，細かく見ていくと，KJ法と（クラスター分析後の）クラスターは違っている」と答えた。

表4-1の類似度の評定に見るように，BさんとCさんを除く5名が似ている，あるいはよく似ているという評定をした。「ベースは同じ」とAさんが言ったように，KJ法によるグループ化とクラスター分析の手法における類似度評定はどちらも被験者の主観によるものであったため，最終的なカテゴリー同士の類似性が高くなるのは当然かもしれない。内藤（1997）は，「KJ法は簡便性という点ですぐれているが，カードをカテゴリーに分類するとき，すでにいくつか集まったカード群（構成概念らしきもの）に影響されて残りのカードを帰属させてしまう傾向がある」とKJ法の特性について述べている。この指摘に基づき，Bさんの「なぜ，似ていないのかと考えると，KJ法は似ているもの同士を集めたからで，クラスター分析では，1つのクラスターの中に，違った意味

のあるものが入っている」という発言を考えてみたい。被験者にとって，KJ法を用いたグループ化の際，連想項目のカードが集まってくる経過のなかで次第に生成された構成概念（グループの名前）に引っ張られるように，連想項目が集結したというとらえ方ができる。これは，「KJ法の時は，ネガティブとポジティブで分けてしまったので，それに関係のあるものでグループをつくった」というDさんの発言にも同様の傾向をみることができるだろう。KJ法は多くの断片的なデータを統合し，軸となる概念を抽出できるという点で有用な発想法あるいは研究法であると言えよう。だが，机上においてカードを平面的に分類するという手法を経ることから，被験者にとってKJ法のグループ化の作業は，結果を予測しながら，連想項目間の距離の決定をしていた可能性は否定できないだろう。Eさんは，「クラスターの中に隣り合っている項目があるが，その近さがわからない。バランスが悪くなるような気がする。個人的にはKJ法がしっくりくる」と述べている。クラスター分析は意味が似ているもの同士が集まるという定義から考えると，Eさんにとって類似度距離行列から得られたクラスターは「似ているもの同士」という概念に馴染まないかもしれない。だが，1つのクラスターの中に，被験者にとっては，異なる意味のあると思える連想項目が入ることにより，連想項目の意味内容の解釈やクラスターの意味づけに関して，探索的なインタビューを行うことが可能となる。石原（2006）は，PAC分析について「クラスター分析を用いることはPAC分析の1つの特徴ではあるが，PAC分析の実践上の山場は，クラスター分析そのものよりも，クラスター分析の結果を解釈していく過程にある」と指摘している。図4-1に示したように，クラスター分析の結果は，連想項目が構造化されていく過程を示した樹形図によって視覚化される。PAC分析を用いたインタビューの特性は，調査者の主観性を抑制しつつ，被験者の主観的な解釈について，その葛藤を含めた自己開示性をたかめる点にあるだろう。クラスター分析にはないKJ法の特色として，ラベル（今回の実験では連想項目）を統合し，新たな見出しをつける過程で統合の理由を考える中で，新たな発想が生まれるという利点がある。探索的な手法であるクラスター分析と発想法の生成を主な目的とする性格を有するKJ法との違いが，今回の実験の結果からも明らかになったのではないだろうか。

## 5. まとめと今後の課題

これまで述べてきたように，PAC分析はクラスター分析という操作的・統計的な手法を用いることにより，調査協力者がたとえ一人であっても，あるテーマにかかわる個人の態度やイメージを構造的に明らかにすることができる研究法である。樹形図を使用することで構造化されたインタビューを行うことを容易にするが，その一方で，内藤（2002）が「露骨なほどに実験者（研究者）の力量があらわになる」と述べるように，今回の実験では行わなかった総合的なインタビューにおいては調査者の経験や手腕が問われる側面も有する。

また，今回の実験では，KJ法によって生成したカテゴリー間同士の関連やカテゴリー関連図を作成してのインタビューを被験者には行わなかった。本稿の目的に沿うならば，やはり上記の手続きは必要であったかと思われる。何らかの特定の心理体験をもつ当事者に対する調査では，まず半構造化面接によるインタビューを逐語化し，その内容についてKJ法を用いてラベル化し，それを図式化したものを調査協力者に見てもらいながら，再度インタビューを行うという方法も有効であろう。

**引用文献**

Flick, U. (1995). *Qualitative Sozialforschung: Eine Einführung.* Reinbek bei Hamburg: Deutschland. Rowohlt Verlag GmbH.（フリック，U.　小田博志・山本則子・春日常・宮地尚子（訳）(2002). 質的研究入門――〈人間の科学〉のための方法論――　春秋社）
藤掛友希（2006). コラージュ作品制作と作品に対するPAC分析の適用が体験過程に及ぼす影響　心理臨床学研究, *34*(1), 39-50.
石原　宏（2006). 統計学的研究と個　新・臨床心理学入門, 2006年9月号, 122-126.
川喜田二郎（1967). 発想法［中公新書］　中央公論社
内藤哲雄（1993). 個人別態度構造の分析について　信州大学人文科学論集, *27*, 43-69.
内藤哲雄（1997). PAC分析の適用範囲と実施法　信州大学人文科学論集, *31*, 51-87.
内藤哲雄（2002). PAC分析実施法入門（改訂版）ナカニシヤ出版
斎藤清二（2013). 事例研究というパラダイム――臨床心理学と医学を結ぶ――岩崎学術出版社
詫摩武俊（2007). 心理学の歴史と現状　福祉士養成編集委員会（編著）　心理学

(pp. 16-27)　中央法規
田中博晃（2015）．KJ 法入門：質的データ分析法として KJ 法を行う前に　よりよい外国語教育のための方法　外国語教育メディア学会（LET）関西支部メソドロジー研究部会 2010 年度報告集，17-29.
山浦晴男（2012）．質的統合法入門――考え方と手順　医学書院

## 付　記

本稿は，「野口康彦（2014）．質的研究におけるインタビュー法としての PAC 分析の有用性――KJ 法との比較から――　茨城大学人文学部紀要・人文コミュニケーション学科論集，第 16 号，33-44.」）に加筆・修正を行ったものである。

# 第5章

# PAC分析法における統計処理の留意点
## よりよい実施とデータ解釈のために

小澤伊久美・坪根由香里・嶽肩志江

## 1. 問題の所在

授業実践を振り返り，改善を図ろうとする場合，教師・学習者の言動を始めとして，その授業実践中に何が起こっているのかを知るだけでなく，何がそのような状況を成立させているのかを知る必要がある。そうでなければ，何を，なぜ，どのように変えればよいのかの判断は難しいからだ。その意味で授業実践を成立させているものの1つである教師や学習者の意識を探ることには意義がある。

教師や学習者の意識を解明する研究で活用される手法の1つに個人別態度構造（Personal Attitude Construct: PAC）分析法がある（内藤，2002)。PAC分析法は社会心理学と臨床心理学の知見をもつ内藤が開発した研究手法で，ある刺激に関して自由連想をさせ，連想語同士の類似度を評定させた結果をクラスター分析にかけ，そのデンドログラム（樹形図）を基にインタビューを行って調査協力者の内面探索を促すという分析法である。

PAC分析法は開発から20年近く経ち，日本語教育を含め様々な分野で活用されるようになった。PAC分析法への関心が高まっている理由は，その特長が持つ魅力に加え，実施法が詳述された入門書の存在，実施法に関するワークショップの開催，そして統計処理ソフトウェアの開発が進んだことに伴い簡易に統計処理が行えるようになったこと等があると考えられる。しかし，一方で，適切な活用のための留意点として，なぜ PAC 分析法を活用するのかという研究計画の妥当性をしっかりと見極めた上で適切な調査協力者を選定すること[1]，研究目的に応じて提示刺激を十分に洗練させること（内藤，2004；内藤他，2008），倫理面での配慮を十分にすること（井上，1997，1998），デンドログラムを適切に読み取ること（坪根他，2009），インタビュー技術やナラティブデータ分析にも細心の注意を払うこと（内藤他，2010）等が指摘されている。なお，デンドログラムの形状やクラスターの生成結果が，使用する統計ソフトウェアによって異なるため，それに対する適切な対応が必要であるという指摘もある（井上・伊藤，2008；小澤・丸山，2009；坪根他，2009）。

最後の点は，研究では唯一絶対の客観性が担保されなければならないという客観主義的立場を取る研究者から見た場合，PAC 分析法の信頼性を大きく揺るがすものとなる。実は，PAC 分析法で一般的に用いられる階層的クラスター分析は，その定義上，使用する統計ソフトウェアによってデンドログラムの形状やクラスターの生成結果が異なる可能性を孕んでいる（南風原，2009）。それを踏まえれば，PAC 分析法を用いた研究を論文等の形で公開する際には，単にデンドログラムや連想項目を掲載するだけでなく，類似度の評定結果から作成した非類似度行列や，ソフトウェアや統計の手順についての情報を掲載し，第三者による検証を可能にすることによって，信頼性に疑問を持たれないようにする必要がある（小澤・丸山，2009）。

また，PAC 分析法をナラティブ研究と捉え，相互行為としてインタビューを分析する立場から見ても，インタビュアーとインタビュイーの関係を分析に組み込んだり記述したりするのと同様，インタビューの生成に関与しているデンドログラムの性質を明らかにするべきだろう。PAC 分析法の特長の1つは，調査協力者自身の出した非類似度評定に基づいて描かれたデンドログラムであり，そこから外れて自由にインタビューが進むわけではない。インタビューの内容を制限したり刺激を与えたりするデンドログラムの生成過程が明らかにならなければ，やはり信頼性がないと判断される可能性が高いのではなかろうか。

しかし，PAC 分析法を活用した研究論文を見ると，非類似度行列や，評定を

---

1　第1回 PAC 分析と日本語教育研究会（於 横浜国立大学，2007 年 10 月 20 日）での内藤哲雄の講演「PAC 分析の開発エピソードとエッセンス」における発言より。

複数回繰り返して平均をとったのか否かといった情報，ソフトウェアの名称やバージョン，ウォード法に投入した数値は生データを距離として扱ったのか平方距離として扱ったのかといった情報が掲載されていないために検証が不可能なものがほとんどである。さらに，クラスターの区切りが統計処理的におかしなものも散見され，統計処理のありようがPAC分析法を活用した研究にとってどのような影響を与えるのかきちんと議論し，この手法を実施者や研究成果を活用する者に周知することは急務である。

そこで，本稿では，PAC分析法を活用する上で必要な統計処理に焦点を絞り，クラスター分析とは何か，デンドログラムから何が読み取れるか，ソフトウェアによってデンドログラムが異なるのはなぜかを解説し，そのことがPAC分析法の実施やデータ分析にいかに影響を与えるか，いかに対処し得るのかを論じることにする。

## 2. PAC 分析法の基本的な流れ

本節では，PAC分析法において統計処理がどのように関わるかを理解するために，筆者らが実際に実施した調査を例にPAC分析法の具体的な手順を説明する。

以下は，筆者らが，大学で教えている日本語教師を対象とした一連の研究で執った手順で，基本的には内藤（2002）に従って実施している。連想語一覧（表5-1），非類似度行列（表5-2），デンドログラム（図5-1）は2007年12月に調査した教師Xのデータを挙げる。

**(a) 調査協力承諾書への署名依頼**

調査協力者に，調査概要や，調査者が個人情報の守秘義務を遵守すること等について改めて口頭および書面にて示しつつ説明し，承諾書に署名をもらう。

**(b) 連想刺激文[2] の提示**

次の連想刺激文を口頭および書面で提示する。

あなたにとって「いい日本語教師」とはどんな教師ですか。その教師は教室内外でどんな振る舞いをすると思いますか。また，あなたは，その教師に対してどんな気持ちを抱くでしょうか。それから，その教師は日本語教育についてどんなことを考えていると思いますか。
　そういったことを含めてあなたが「いい日本語教師」という言葉を聞いて思い浮かべるキーワードやイメージを自由に書いてください。キーワードやイメージは，できるだけ単語で，書いてください。ただし，それが難しい場合はもう少し長く（10字前後ぐらいまで）なっても構いません。

### (c) 連想語の書き出し

3.5 cm × 10.5 cm（A4 判を 16 枚に切ったサイズ）[3] のカードを渡して，そこに思いつくままイメージを記入してもらう。使用枚数は自由とし，イメージが思い浮かばなくなるまで書き出してもらう。X の連想語は表 5-1 の通りである。

表 5-1　教師 X の連想語一覧[4]

| 重要度順 | 連想語 | | 想起順 |
|---|---|---|---|
| 1 | 教室の中で学習者が自ら考え，学習者同士で学び合える風土作り | + | 10 |
| 2 | 学習者に動機付けができる | + | 1 |
| 3 | 学習者の自律的学習をうながす | + | 3 |
| 4 | 楽しい，達成感のある授業 | + | 2 |
| 5 | 目的意識をもったクラス（コース全体，その時間） | 0 | 6 |
| 6 | 自ら成長しようとする | + | 8 |
| 7 | 教室外での実際のコミュニケーションを意識 | 0 | 4 |
| 8 | １人１人の学習者に対する注意と適切なフィードバック，対応 | + | 5 |
| 9 | 学習者が必要とするときに必要なサポートができる | + | 12 |
| 10 | 学習者に気付かせる | + | 13 |
| 11 | ストレスのない，自分を出せる雰囲気作り | + | 11 |
| 12 | 人間的魅力 | + | 9 |
| 13 | 忍耐強い | + | 14 |
| 14 | 同僚教師との良好な関係 | + | 15 |
| 15 | 経験だけではない | — | 7 |

### (d) 連想語の重要度順への並べ替え

想起順になっている（c）のカードを，重要度順に並べ替えてもらう。

### (e) 連想語の類似度の評定

重要度順にカードを2枚ずつ選び，直感的なイメージで，各ペアがどの程度類似しているかについて，「1：非常に近い」から「7：非常に遠い」までの7段階尺度[5]で評定してもらう。評定は全ての組み合わせについて1回ずつ行う。

### (f) 休憩

調査協力者は休憩に入る。その間，調査実施者（筆者ら）は（e）の連想項目間の類似度の評定から得た非類似度行列（距離行列）[6]（表5-2）をコンピューターに入力し，ウォード法でクラスター分析し，デンドログラム（図

---

2　これは筆者らの一連の研究で現在使用している刺激文で，単に授業中の教師の態度・行動や，そこに反映される知識についてだけでなく，授業外の学習者への配慮や同僚との関わり等も含め，幅広く様々な側面を想起してもらうことを意図して作成された。ただし，教師Xに実施した際には「できるだけ長い文を避けるように」と口頭で指示したのみで，「キーワードやイメージは，できるだけ単語で，書いてください。ただし，それが難しい場合はもう少し長く（10字前後ぐらいまで）なっても構いません」という具体的な指示は口頭でも書面でもしなかった。パイロット調査（坪根他，2009）の結果，連想語が長いことが一つの連想語の中に様々な要素が盛り込まれることにつながり，類似度の評定やクラスターのまとまりを検討する際に調査協力者に判断の揺れをもたらしやすくなることが懸念されたため，これを付け加えて現在の形になった。

3　教師Xに実施した際にはこの2倍のサイズのカードを用いていた（A4を8枚に切ったサイズ）が，注2で指摘したような経緯から，連想語を短く挙げてもらうために現在のサイズに変更している。

4　各連想語のプラス・マイナスのイメージ，重要度順位はこの後の手順（h）の段階で得た情報であるが，見やすさを優先し，この表にまとめて掲載することとする。

5　内藤（2002）では，7段階尺度の「4」を「どちらでもない」という言葉をつけて調査協力者に提示する形が紹介されているが，この教師Xから「どちらでもない」という言葉遣いについて「2つの連想語の距離が近くも遠くもないというのはどういう意味かわかりづらい」という指摘を受け，現在は「4」には言葉を添えずに提示している。

6　PAC分析法では各連想語間の類似度を7段階尺度で評定してもらっているが，この数字を各連想語間のイメージの距離だと捉えるため，評定結果から作成される行列は，距離行列である。一方，数字が大きくなるほど類似度が小さく（非類似度が高く）なるので統計用語的には非類似度を評定させたということになり，非類似度行列とも呼ばれている。なお，PAC分析支援ツール（土田，2009）のように，数字が大きいほど類似度が高いという尺度で評定を求める（ただし評定結果は自動的に非類似度行列に計算されて出てくる）方法もあるため，他者の研究を検証する際には留意する必要がある。

5-1）を析出する。今回使用した分析ソフトはHALBAU7である。

表5-2　教師Xの評定に基づく非類似度行列

| | 1 | 2 | 3 | 4 | 5 | 6 | 7 | 8 | 9 | 10 | 11 | 12 | 13 | 14 | 15 |
|---|---|---|---|---|---|---|---|---|---|---|---|---|---|---|---|
| 1 | 0 | | | | | | | | | | | | | | |
| 2 | 2 | 0 | | | | | | | | | | | | | |
| 3 | 2 | 2 | 0 | | | | | | | | | | | | |
| 4 | 3 | 2 | 4 | 0 | | | | | | | | | | | |
| 5 | 4 | 3 | 5 | 2 | 0 | | | | | | | | | | |
| 6 | 7 | 5 | 6 | 3 | 4 | 0 | | | | | | | | | |
| 7 | 6 | 3 | 3 | 3 | 3 | 4 | 0 | | | | | | | | |
| 8 | 5 | 5 | 4 | 3 | 3 | 5 | 4 | 0 | | | | | | | |
| 9 | 3 | 3 | 3 | 3 | 4 | 5 | 5 | 1 | 0 | | | | | | |
| 10 | 3 | 5 | 2 | 4 | 5 | 5 | 5 | 2 | 4 | 0 | | | | | |
| 11 | 3 | 4 | 5 | 2 | 5 | 5 | 5 | 3 | 3 | 3 | 0 | | | | |
| 12 | 4 | 4 | 6 | 3 | 5 | 4 | 6 | 4 | 4 | 5 | 1 | 0 | | | |
| 13 | 2 | 6 | 3 | 4 | 6 | 4 | 6 | 4 | 4 | 3 | 3 | 2 | 0 | | |
| 14 | 7 | 7 | 7 | 7 | 7 | 7 | 7 | 7 | 7 | 7 | 7 | 3 | 6 | 0 | |
| 15 | 4 | 4 | 6 | 4 | 4 | 2 | 4 | 4 | 4 | 4 | 4 | 3 | 6 | 7 | 0 |

**(g)　デンドログラムに基づくインタビュー**

デンドログラムを項目のまとまりを考慮していくつかのクラスターに分け，調査協力者の考えを尋ねた上でクラスター数を決定し，クラスターごとに想起するイメージを挙げてもらう。また，クラスター間の関係，各項目のイメージ等について語ってもらう。なお，インタビューにおけるやりとりは，調査協力者の許可を得てICレコーダーに録音し，それを文字化して分析に使用する。

**(h)　各連想項目のイメージ評価**

各連想項目の単独のイメージが直感的にプラス（+），マイナス（−），どちらともいえない（0）のいずれに該当するかに答えてもらう（Xの回答結果は表5-1参照）。

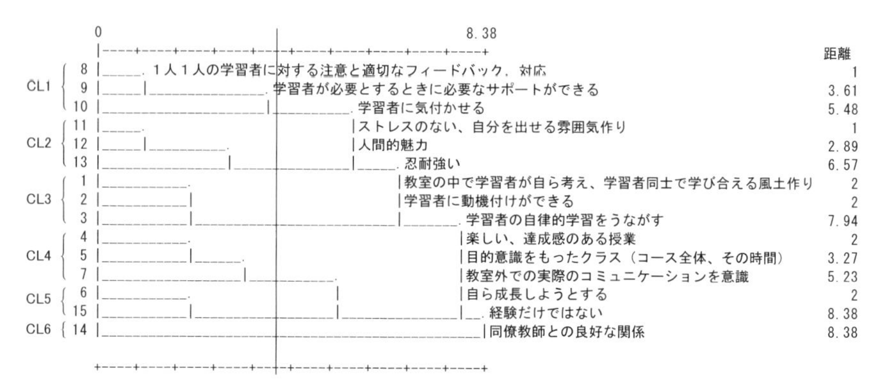


図5-1　教師Xのデンドログラム[7]

# 3. PAC分析法を理解・活用するために必要な最低限の統計的知識

本節では，PAC分析法の手続きの中で起こる統計処理を振り返り，実施する際に，あるいはデータを分析する際に，どのような統計的知識が必要かを指摘する。

## 3-1　クラスター分析とは何か

PAC分析法で用いられているクラスター分析とは，そもそもどのようなものなのだろうか。Romesburgは，クラスター分析を以下のように説明している（1992，p. 1）。

> （クラスター分析とは）一群の対象のどれとどれが類似しているかを見つけだすために用いられる様々な数学的方法の総称であり，その数は数百にものぼる。例えば，川岸から一群の小石を拾い集め，その大きさや形や色といった属性に注目して，類似の小石を同一の山にえり分ける場合，物理的にクラスター分析を行っている。類似の小石の山のそれぞれが，クラス

7　インタビューで示すデンドログラムにはクラスターの区切りは書き込まれていない。

ターということになる。

ここで留意したいのは，クラスター分析は類似のまとまり（クラスター）を作る様々な手法の総称であり，どの観点で類似度を設定するかは手法によって異なること，最終的にいくつのまとまりで分析を終えるかが決まっているわけではないということの2点である。つまり，表5-2のデータをクラスター分析にかけたといっても必ず図5-1のようなデンドログラムを得るわけではなく，図5-1のデンドログラムからいくつのクラスターに分けるべきだという指針が数値あるいは統計的に得られるわけではないということなのである。

クラスター分析には大きく分けて，階層的手法と非階層的手法の2つがある。階層的手法とは，2つのデータをまとめてクラスターを作り，そのまとまり同士をさらにまとめてより大きなクラスターを作り，と段階的にまとめ続ける方法であり，非階層的手法とは，分析者が予め決めたクラスター数を指示し，その数にまとまるためにどのようなクラスター群を作るのが最適かを探索する方法である[8]。デンドログラムが描画可能なのは階層的手法で，PAC分析法でよく用いられるウォード法は階層的クラスター分析の手法の1つである[9]。

### 3-2　デンドログラムから何が読み取れるか

まず，図5-1に出てくる「距離」であるが，これは各連想語のイメージの非類似度を距離として捉え，各クラスターが生成される距離のことである。例えば重要度順8の連想語と同9は距離が1のところで1つの項目としてまとまっており，重要度順8，同9の連想語が1つになったものと，重要度順10の連想語とが距離3.61で1つの項目としてまとまっている，というように読み取る。

このようにクラスターが徐々にまとまっていく過程を描画したのがデンドログラムであるが，デンドログラムの中の各連想語はクラスターがまとまってい

8　階層的クラスター分析には，単連結法，完全連結法，群平均法，ウォード法，重心法，メディアン法等があり，非階層的クラスター分析には，K-means，混合分布モデル，スペクトラルクラスタリング，pLSI，NMF，Fuzzy c-means 等がある（新納，2007）。

9　ウォード法は比較的精度が高く，外れクラスターを作りにくい等の理由からよく使われているが，どの手法もそれぞれの特徴を生かして活用され続けている。

く順[10]に上から並べられているわけではないことに注意が必要である。前節にあるように階層的クラスター分析が示すのは，類似度を基にした場合にどの項目がどのような順で段階的にまとまっていくかのみである。デンドログラムに描かれた線を糸だと仮定して，一番遠い距離でまとまった点を手に持ったと想像してみるとわかるが，これらのクラスター群はいわばモビールのように連なり，まとまる順さえ崩さなければ自由な位置関係を取り得る。デンドログラムで各連想語の位置が定まっているのは平面図でそれを表現できないだけで，例えば図5-1では上から並んだ3つの項目（重要度順8，9，10の連想語）が逆の順に並んでいたとしても，8と9から引かれた線が距離1で結ばれ，そのまとまりから引かれた線が距離3.61で10と結ばれている限り同じ構造を示していると考えなければならないのである。

ただし，クラスターが階層的に構成されているということは，いくつのクラスターとしてまとめるかという数さえ決まれば，協力者による類似度の評定に寄り添う限り，個々のクラスターに属する連想語が確定するということを意味する。例えば，図5-1では縦に引いた線でクラスターを6つに区切っており，各クラスター内の連想語は線の位置で自ずと決まる。つまり，これを重要度順8，9，10，11の連想語で1つのクラスターのまとまりとすることはできないのである。インタビューの際に，どこでクラスターを区切るか，いくつに区切るかは統計処理だけでは確定できないことは前節で述べたが，全く自由に区切れるわけではない。統計処理の結果が提示する関係性を無視して，デンドログラムに並んだ連想語を上から順にいくつかのまとまりに分けて実施したという研究も散見されるが，その並び順は類似度の評定とは無関係であること，並んだ連想語の順に影響を受けて協力者がイメージを想起している可能性があること（内藤他，2010，p. 24）を考えると，そのような区切りに基づいてインタビューやデータ分析を行うことは避けるべきだろう。

10　その順を正確に把握したい場合には，HALBAUでは「クラスターの併合過程」，SPSSでは「クラスタ凝集経過工程」で確認する。フォントの違いからデンドログラムが崩れて表示される場合があること，SPSSで描画されるデンドログラムはデフォルメして縮小表示されることを考えると，これらの情報を確認することは重要である。

## 3-3　ソフトウェアによってデンドログラムが異なるのはなぜか

先行研究ではデンドログラムの形状やクラスターの生成結果が，使用する統計ソフトウェアによって異なることが指摘されている（井上・伊藤，2008；小澤・丸山，2009；坪根他，2009）が，教師Xについても，同じウォード法によるクラスター構成でもHALBAUとSPSSでは異なり，非階層的クラスター分析で全く同じ生データを分析した際のクラスター構成も微妙に異なることがわかる（表5-3）。

表5-3　教師Xの連想語のクラスター構造の比較[11]

| | HALBAU | SPSS | | |
|---|---|---|---|---|
| | インタビュー時 | 距離 | 平方距離 | Kmeans |
| CL1 | 8, 9, 10 | 11, 12 | 11, 12 | 11, 12 |
| CL2 | 11, 12, 13 | 8, 9 | 8, 9 | 1, 2, 3, 4, 5, 7 |
| CL3 | 1, 2, 3 | 1, 3, 10, 13 | 1, 3, 10, 13 | 13 |
| CL4 | 4, 5, 7 | 14 | 14 | 8, 9, 10 |
| CL5 | 6, 15 | 6, 15 | 6, 15 | 14 |
| CL6 | 14 | 2, 4, 5, 7 | 2, 4, 5, 7 | 6, 15 |

この原因として考えられるのは，①同値の存在，②数値の投入順，③調査協力者による評定の揺れ，の3点である。以下，それぞれがいかに影響を与えるかを論じたい。

まず，①の同値の存在だが，クラスター分析は類似したもの同士をまとめていく手法であるということを3-1節で述べたが，例えば表5-2を見ると，Xが一番近い距離，つまり「1」という評定を下した連想語のペアは2組ある（重要度順8の連想語と同9，同11と同12）。ウォード法の計算式ではそのいずれを先に計算すべきかが規定されていないが，ウォード法が階層的クラスター分析である以上，どちらかを先に計算し，そこでできたクラスターとの距離が次の段階での計算の対象とならざるを得ないのである。HALBAU，SPSS等のソ

11　HALBAUでは投入した生データが，ウォード法を手法として選択した時点で自動的に平方化されて計算されるが，SPSSでは生データを平方化済みとして考えて計算させるか，平方化した数値を投入して計算させるかという選択が可能なため，筆者らはその相違も見るために両方で処理してみた。表5-3では，前者による結果を「距離」，後者を「平方距離」として示してある。

フトウェアには，同値をどのように処理するかというプログラムが組まれているのだが，処理の仕方はソフトウェアごとに異なっている[12)]。そのような各段階での同値処理の差が，クラスターを作る階層が高まるにつれて大きくなり，結果としてデンドログラムの形状も微妙に異なってしまう可能性を生むのである。

②の数値の投入順も同様の問題である。PAC分析法では各連想語をペアにして，それぞれのイメージの距離を全ての連想語の組み合わせについて調査協力者に評定してもらっている。調査者・協力者にとっては各ペアの距離を全て評定しているので，それがどのような一覧にまとまっていても同じものであるように見える。しかし，階層的クラスター分析は，数値を一組ずつ処理していくため，数値の並び順がクラスター構成に影響を与える可能性がある。PAC分析法で協力者に連想語の評定を求める際に，連想語を重要度順に並べ替えて評定させる研究者と想起順で評定させる者がいる。仮に，連想語の提示順にかかわらず全ての組み合わせについて全く同じ評定結果が得られたとしても，数値の投入順が異なれば同じデンドログラムが得られるとは限らないことを心に留めておく必要があるだろう。

③の評定の揺れというのは，調査協力者による各連想語の類似度の判断が全体として整合性を持っているか，矛盾した距離感が評定の中に含まれていないか，ということである。筆者らの研究は教師のビリーフを探求するものだが，協力者のビリーフの揺れが出ているという，研究課題そのものに起因する揺れもあるだろう。また，１つの連想語の中に複数要素がある場合，どこに着眼して評定を下すかで判断が変わる可能性がある。教師Ｘの場合も例えば重要度順１の連想語は「教室の中で学習者が自ら考え，学習者同士で学び合える風土作り」となっているが，「教室の中で学習者が自ら考える」ことと「学習者同士で学び合えること」という２つの要素を含んでおり，どちらに焦点を当てて別の連想語との距離を考えるかで類似度の評定が変わる可能性があると考えられる。

同値や評定の揺れの影響を排除する目的から，PAC分析支援ツールのように，複数回評定をしてもらい平均値を取る，評定のスケールを細分化する，スライダーを用いて距離を感覚的に評定可能にするという試みもあるが，一方で，人

---

12　筆者らの経験では，重要度順に並べた行列を投入した場合，HALBAUは重要度の高い連想語の組み合わせを優先的に選んでクラスターを作る傾向があるようだ。

間がそこまで細かな違いを評定しきれるのか，判断できるのは7段階程度ではないかという声も出ている。それに対して，統計処理をしている機械は，人間が曖昧に区分した数値に非常にきっちりとした相違をつけて処理していることを忘れてはならないという指摘もある[13]。

## 4. PAC分析法における統計処理との好ましい向き合い方

このようにPAC分析法で用いられている統計処理について詳しく考察してみると，インタビューの基となるデンドログラムが描画されるまでに様々な選択が実施者によってなされていることに気づく。3節で論じたように，決定的に正しい唯一の方法は存在しないが，よりよくPAC分析法を活用するために以下のような点に留意すべきであろう。

①統計手法に関して，どのような選択がなされた調査となっているのかを調査者自身が知り，その選択が調査結果にどのような影響を与えているか，どのような制限を加えたかを理解した上で分析に臨む。

②描画されたデンドログラムがどれだけ調査協力者による類似度の評定結果を正確に表示しているか，評定結果そのものに揺れはないのかなどに留意して，インタビュー・データを分析する。その際には階層的クラスター分析だけでなく，非階層的クラスター分析（例：K-means）や多次元尺度法（例：ALSCAL）等，別の手法でデータを検証することもよいだろう。ただし，これらの統計処理全てを2節で示したPAC分析法の手順の（f）の段階で行うとすると，評定を終えてからインタビューが始まるまでの間，かなり長く調査協力者を待たせてしまうことになる。従って，そのような検証を（f）で実施してインタビューに生かすことは難しいが，ナラティブデータを分析する際に参照することで考察がより深まると思われる。また，ソフトウェアごとの癖等を知るために，複数のソフトウェアで検証したり，他の研究者との情報交換をしたりすることも有効だろう。

③調査結果を第三者に検証できるように必要最低限の情報を提示する。上述

13　2008年3月4日の土田義郎のPAC分析学会メーリングリスト投稿#169による。

のような様々な統計的処理もインタビューの場の生成に深く関与していることを考えると，研究の信頼性を高めるためには少なくとも研究者が提示したデンドログラムを第三者が描画できる程度の情報を開示すべきである。

④ PAC分析法を活用しない人，中でも特に統計的知識がある人に誤解を招きかねない記述の仕方や分析の仕方を避ける[14)]。より多くの研究者と建設的な議論を交わすために，また，当該研究やPAC分析法そのものへの疑義をもたらさないために，このような配慮も必要だろう。

PAC分析法は統計処理のみが重要なわけではなく，インタビューの技術やその後の分析・解釈のプロセスにおいても研究者が真摯に向き合うべきことは多々存在する。しかし，その出発点となる統計処理の部分をブラックボックスのままにして深く検討せぬまま調査研究を実施してしまっては，従来の方法では捉えにくい個人の内面に深く迫るPAC分析法の利点が生かせないだけでなく，長時間調査に協力してくれた協力者の厚意も無に帰してしまう。筆者らは，PAC分析法は，量的調査では顕在化されにくい調査協力者の「個」に強く結びつく意識・態度を探求するのに効力を発揮するツールであり，半構造化インタビュー等よりも調査協力者主導で進められる一方，調査協力者の主観に左右されやすいという通常のインタビューのデメリットを軽減した優れた手法であると考えている。

PAC分析法を活用する研究者らが統計的処理の部分について確かな知識を持ち，自らのデータを振り返ることができるようになることが，そしてその研究についてきちんと理解した上で建設的に語り合うコミュニティが醸成されることが，PAC分析法を活用した研究についての実り豊かな議論にとって不可欠なのである。

**引用文献**

南風原朝和（2009）．クラスター分析入門――PAC分析における利用のための基礎知識として〈http://publicize.exblog.jp/12539154/〉（2011年6月13日）

井上孝代（1997）．留学生の文化受容態度とカウンセリング：PAC分析による事例研究を通して　カウンセリング研究，*30*，216-226.

14　例としては非類似度・類似度という名称の使い分け，インタビューの際のクラスターの区切り方等が挙げられる。

井上孝代（1998）．カウンセリングにおけるPAC（個人別態度構造）分析の効果　心理学研究，*69*，295-303.

井上孝代・伊藤武彦（2008）．PAC分析の活用の意義と課題　明治学院大学心理学紀要，*18*，47-56.

内藤哲雄（2002）．PAC分析実施法入門［改訂版］:「個」を科学する新技法への招待　ナカニシヤ出版

内藤哲雄（2004）．PAC分析の適用範囲と実施法　マクロ・カウンセリング研究，*3*，52-89.

内藤哲雄・井上孝代・伊藤武彦・岸　太一（編）（2008）．PAC分析研究・実践集1　ナカニシヤ出版

内藤哲雄・能智正博・丸山千歌・小澤伊久美（2010）．PACの分析のデータを実施者・被検者・第三者が共に語り合うデータセッション（小澤伊久美・丸山千歌企画）PAC分析学会第4回研究大会発表抄録集，10-28.

小澤伊久美・丸山千歌（2009）．PAC分析における好ましい統計処理とは――ソフトウェアによってデンドログラムが相違する問題への対処のために――　ICU日本語教育研究，*6*，27-47.

Romesburg, H. C. (1990). *Cluster analysis for researchers.* Malabar, FL: Robert E. Krieger.（ロメスバーグ，H. C.　西田英郎・佐藤嗣二（訳）（1992）．実例クラスター分析　内田老鶴圃）

新納浩幸（2007）．Rで学ぶクラスタ分析　オーム社

坪根由香里・小澤伊久美・嶽肩志江（2009）．教師のビリーフ研究におけるPAC分析活用の可能性と留意点――HALBAUとSPSSによる分析結果の相違についての考察から――言語文化と日本語教育，*38*，30-38.

土田義郎（2009）．PAC分析支援ツール〈http://wwwr.kanazawa-it.ac.jp/~tsuchida/lecture/pac-assist.htm〉（2011年9月14日）

## 謝　辞

本研究は科研費19529005，21520549，19520449の助成を受けたものである。

※本章は，小澤伊久美・坪根由香里・嶽肩志江（2011）．PAC分析法における統計処理の留意点――よりよい実施とデータ解釈のために――　WEB版　日本語教育実践研究フォーラム報告　2011年度　日本語教育実践研究フォーラム　を再録したものである。

# 第6章

# PAC分析による離婚後の親子の面会交流に関する心理臨床学的研究

## 父親が親権をとった3人の女子学生を事例として

野口康彦

## 1. はじめに

### 1-1 臨床心理学におけるPAC分析の有用性

PAC（Personal Attitude Construct）分析とは，内藤（1993）によって創案された研究法であり，個人の態度やイメージの構造に着目し，クラスター分析による統計的手法を用いるのと同時に，被検者自身にクラスター構造の解釈を求める点を特徴としており，「特定の具体的な個人」の態度やイメージという主観的世界に迫ることができる（内藤，1997）ものである。

心理臨床学の領域においても，質的研究方法の1つとしてPAC分析はその有効性が確かめられている。例えば，自我体験の語りにPAC分析を応用した千秋（2010）は，「複雑な体験を語る糸口を提供する可能性が考えられ，PAC分析による構造化は，面接場面の守りとして働くことが想像される」とPAC分析の機能について述べている。また，岩城（2014）は，「いやなもの」についての臨床心理学的考察を試みており，PAC分析を採用した理由について，「いやなものは個人が受け入れがたい内容を反映しているために，聴き取りという手法だけでは，想起や解釈の段階で心理的な抵抗が生じうることや，語りの中でイメージ構造に迫ることが困難である可能性が考えられた」と述べている。さらに，古川（2014）は風景構成法作品を描き手自身が眺める体験の検討においてPAC分析を用いており，「この手法を用いることで，数量尺度などの既存の枠組みに当てはめるのではなく，描き手ごとに異なる体験を探索的に捉えることが可能になる」としている。

このように，PAC分析では，類似度距離行列を用いたクラスター分析から樹形図を析出し，視覚化された樹形図は調査者と調査協力者の共有可能な視覚刺激となり，その樹形図を媒介としてインタビューを行う。インタビューは，樹形図に示されたクラスター構造のイメージや解釈について調査者が調査協力者に質問するが，調査協力者が自分自身の枠組みの中で自己の内的世界を語ることにより，探索的な研究方法の性質をもつ一方で，調査協力者の洞察を深める間主観的なアプローチともなり得る側面を有するのである。井上（1998）は，PAC分析の機能として「クライエントの内面世界を第三者にも理解可能な形で提示する，客観的なデータ・資料・査定・評価の道具としての機能」と述べている。この指摘にみるように，PAC分析は調査協力者の枠組みを用いて，調査者とともに調査協力者の内面構造を確認する，いわば内的な世界を同行することが可能となる。

### 1-2　問題と目的：離婚後の親子の面会交流

離婚は破綻した結婚生活が解消される問題解決の一つである。だが，民法上，単独親権制度が採用されているわが国では，子どもにとって親の離婚は，別れた側の親と両親のいる家庭を失うとともに，転居や転校など，生活環境の変化に伴う適応の問題が生じることもある。

2011（平成23）年に民法第766条が改正され，協議離婚時に際し，子の監護について必要な事項を定めるにあたっては，「子の利益を最も優先して考慮しなければならない」という一文が明記された。司法的な見地では，別れて暮らす親子の面会交流の意義や目的は，子の利益あるいは子の福祉が眼目となるが，心理臨床的な立場からは，どのような心理的な意味があると言えるのだろうか。

離婚後の親子の面会交流あるいは親子関係が子どもの発達に及ぼす影響について，アメリカでは多くの調査研究がなされている。親の離婚時における子どもの年齢や経済的な状況，親同士の葛藤の程度といったように，条件が異なるので，全体的には，親の離婚が子どもの精神発達に及ぼす影響については一致した意見はない（Ahrons, 2004）が，親同士の争いの程度が子どもの適応を検討するうえで，重要な要因である（Bauserman, 2002）ことは言うまでもない。その一方で，子どもが両親と強い関係を維持することは，両親の争いによる悪い影響を軽減するのに役立つといった意見（Nielsen, 2013）があるように，専門家は共同養育をいかに軌道にのせていくのか，といった議論もなされている。

小田切（2004）や棚瀬（2007）など，わが国でも離婚後の子どもの発達や養育に関する調査や研究がなされるようになった。母子家庭で育つ18歳以上の青年を対象としたインタビュー調査から，堀田（2009）は「離婚は『同居している父親との関わり』から『同居していない父親との関わり』への移行を意味するものである」と述べているように，親権の8割を母親がとる現状（厚生労働省，2015）では，母子家庭を対象とした調査が多い。だが，面会交流に関する父親からの調停の申し立てがこの10年間に2.5倍に増えたという報道（朝日新聞，2016年2月3日夕刊）も見られるようになった。父親が親権をとるケースが増加するならば，母親と別れて暮らす子どもの心理的体験について理解を深めることは重要であろう。

本研究では，親の離婚後に別れて暮らす母親との面会交流が子どもの心の発達や成長に対して，どのような影響を及ぼしたのか，また及ぼすであろうという点を明らかにすることを目的とする。特に今回の研究では，別れて暮らす母親と娘との関係に焦点を当てた。母親と娘は同性であるため親子間の心理的距離が近く，親密な関係を築く関係であるという意見（藤田・岡本，2009）もあり，上述したように父親が親権をとる傾向がみられるならば，別れて暮らす母親と娘との関係について心理臨床的な立場から検討することは，有用な支援を行うためにも必要と考えたからである。

また，本研究では親の離婚を経験した当事者の異なる主観的な体験を探るため，探索的な研究に適しているPAC分析（内藤，1993）を方法として用いた。PAC分析は質的研究法の1つであるが，このように，間主観的なアプローチの性質を有するため，別れて暮らす母親と娘との面会交流の心理的体験について，調査協力者が自分自身の枠組みの中で自己の内的世界を語ることができるため，本研究において，研究の手法として採用した。

## 2. 方　法

### 2-1　調査協力者と調査時期

調査協力者は応募法と筆者の知人を介して紹介してもらった3名の女子学生（A，B，Cとする）である。3名のプロフィールを表6-1に示した。

### 2-2　手続き

**(1) 調査全体の手順**　調査は2014年11月から2015年2月にかけて行った。調査は2回に分けて行い，1回目の面接で調査の趣旨を説明するとともに，PAC分析による面接は2回にわたって行うことを確認した。そして，調査が開始されても，いつでも面接を中止してもよいとの旨を伝えた。1回目の調査では，事前のインタビューとして，調査協力者のプロフィール，親の離婚当時の年齢や家族の生活状況，離婚後の生活など，事実関係を主とした聞き取りを行った。なお，事情により，Aは1回の実施であったが，BとCは2回に分けて実施した。

**(2) PAC分析の手順**　内藤（2002）に従い，PAC分析は以下の手順で行った。
① **連想刺激文の提示**　印刷された以下の文章を調査協力者の目前に提示し，調査者である筆者が口頭で読み上げた。連想刺激文は，別れて暮らす母親との面会交流がどのような意味をもつのかという問いから，以下のような内容にした。

あなたにとって，別れた親との面会交流が自分の心の発達や成長に対して影響を

表6-1　調査協力者のプロフィール

| 協力者 | 性別 | 年齢 | 親の離婚時の年齢 | 同居親（父親）の職業 |
|---|---|---|---|---|
| A | 女性 | 20代前半 | 13歳（中2） | 自営業 |
| B | 女性 | 20代前半 | 15歳（中3） | 団体職員 |
| C | 女性 | 20代前半 | 8歳（小3） | 団体職員 |

及ぼしていること，あるいは及ぼすであろうものはどんなことがありますか。頭に浮かんできたイメージや言葉を思い浮かんだ順に番号のついたカードに，20枚を目途として，それぞれ一枚につき一つの言葉を記入して下さい。

② **自由連想とカードへの記入**　連想した言葉やイメージを文字にしてもらい，1つずつ1枚のカードに書いてもらった。なお，20の連想項目を目途としたのは，調査協力者に，ある程度の上限を提示し面接の枠組みとすることで，実施に伴う緊張や不安を和らげることが目的であり，調査協力者の心理的な負担を考慮したためである。

③ **重要順位へのカードの並べかえ**　カード記入後，〈言葉の意味やイメージがプラスであるか，マイナスであるかの方向には関係なく，重要と感じられる順にカードを並べかえて下さい〉と教示し，カードを並べかえてもらった。内藤（2002）は，重要順位について「問題事象や臨床的内容にかかわる時は主訴に該当する」と述べており，内藤の指摘に従いほぼ3分の1を高いものとした。

④ **類似度距離行列の作成とクラスター分析**　調査協力者に重要な順番からカードに番号を記入（①を最重要。樹形図にある○がついた番号は重要な順番を意味する）してもらい，その類似度について，「非常に近いから非常に遠い」の7段階（1～7）で評定をしてもらった。類似度距離行列表で得た類似度評定をもとに，統計ソフト「Excel多変量解析 ver.6.0（エスミ）」を用いてウォード法によるクラスター分析を行い，樹形図（図6-1～3）を析出した。なお，クラスターの分割について内藤（2002）は，被験者（調査協力者）がクラスター分析を使ったことがない場合は実験者（調査者）が解釈を試みると述べている。また，分割の数について，「分割する距離が見つからないときは，2～4分割の範囲で相対的により有効な解釈が得られる距離とすることを薦める」，「クラスター分割の数が多すぎると，クラスター間の比較が多くなり，全体イメージをつかみにくくなるという」（内藤，2008）という指摘から，調査協力者の負担も念頭におき，クラスターの分割を3つとした。

**⑤　樹形図を用いた調査協力者へのインタビュー**　類似度距離行列から作成された樹形図（図6-1～3）を調査協力者に提示し，クラスター1から下位の隣接した項目を読み上げ，項目同士に共通するイメージやそれぞれの項目が結節された理由として考えられることを聞き，そして調査協力者の言葉を用いて各クラスターのカテゴリー化を行い，命名をしてもらった。〈この2つを合わせるとどのような言葉になりますか〉といったように，カテゴリー化の段階における質問は，最小限でとどめているが，クラスター間の比較の際は，調査者が質問を行っており，その一部についても記述した。その際，調査者の発言は〈　〉，調査協力者の発言は「　」で示している。一連のインタビューの記録は調査協力者に了解をとり，ICレコーダーに録音した後，逐語化を行った。

**(3)　倫理的配慮**　調査協力の依頼時と面接時において，調査への協力は任意であり，依頼を受諾した後も拒否あるいは中止ができること，そして調査協力者が不利益を被ることがない旨の説明を行った。また，収集したデータについては厳重に保管され，論文執筆や学会発表など以外には使用しないこと，また論文執筆や学会発表などで引用される発言は個人が特定できないように十分に配慮すると説明した。以上を踏まえた同意書に署名を求め，署名した時点で調査に同意したと判断した。個人が特定できないように，内容に影響を及ぼさない範囲で，表現上の配慮をした。

## 3. 結　　果

### 3-1　調査協力者Aについて

Aの両親が離婚したのは，本人が中学2年生の夏であり，原因は母親の浮気であった。当時のAの家族構成は，ともに40代前半であった両親と父方の祖父であり，別居している大学生の姉がいた。父親と同乗した車中で，母親と浮気相手が密会している現場を目撃したこともあり，Aが小学校5年生の時には，すでに母親の浮気を知っていた。実家の自営業に母親は従事しており，夕刻には帰宅するものの，夕食時には理由も言わずに不在をすることも多くなり，Aと共に過ごす時間はあまりなかったという。離婚後は父親が親権をとるが，「お母さんから一緒に来るかと言われて，それで一緒に行ったら，お母さんがすごく得して，お父さんだけが孤独になってみたいな」と，父親との同居を選んだ理由を語った。中学2年生の3学期から大学に入学する頃まで，母親との交流は途絶えていたが，大学の授業料を母親に負担してもらうことになり，大学1年次からAは母親との面会交流を始めている。その後，年に一度，母親との面会交流を行っている。なお，調査時において，父親と母親はともに再婚していない。Aのクラスター分析樹形図を図6-1に示した。

**重要順位とAによる各クラスターのイメージと解釈**　重要順位の高い順にほぼ3分の1を挙げると，自分の価値観への影響①，過去と現在の区切り②，心の余裕③，受容する心④となった。面会交流による母親への認識の変容と母親への許しと捉えた。

クラスター1は，左から順に，過去と現在の区切り②，心の余裕③，受容する心④，生活への対応能力⑫，不変な存在への気づき⑭，新たな理解⑤，第三者としての視点⑥の7項目からなり，最終的に【前向きな考え方】と命名された。クラスター1について，「時間が経ってきたということで，（途中省略）だ

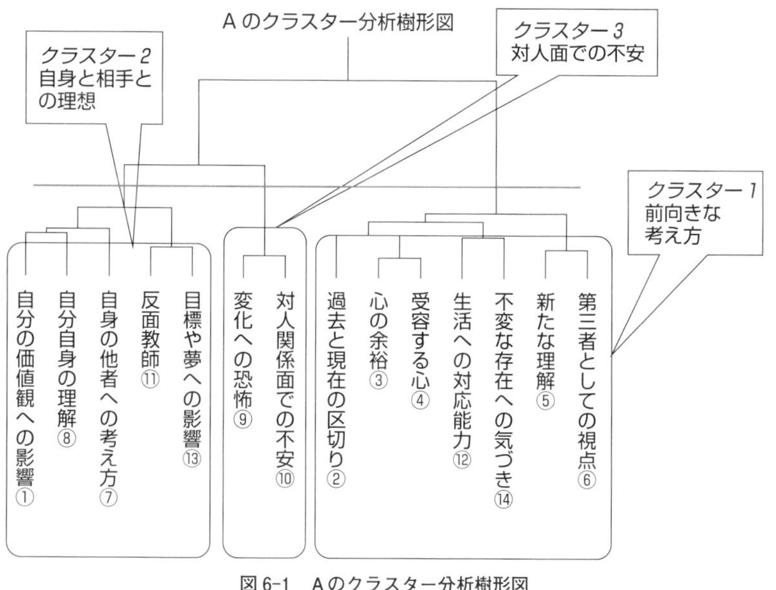


図6-1　Aのクラスター分析樹形図

んだんと許すじゃないですけど，こういう人なんだなと冷静に受け止められるようになってきた」と言い，「現在と過去のその人を認めつつ許しができていった」と語った。そして，「今まで気づけなかった部分を理解できたり，母親の存在として，新たな理解者として気づけた」と述べた。クラスター２は，左から順に，自分の価値観への影響①，自分自身の理解⑧，自身の他者への考え方⑦，反面教師⑪，目標や夢への影響⑬の５項目となり，最終的に【自身と相手との理想】と命名された。クラスター２について，「話すことになって，見方が変わったというか。自分も母親のことをこういうふうに見ていたんだな」と言い，母親のことを冷静に見ることができるようになったと話した。クラスター３は，変化への恐怖⑨，対人関係面での不安⑩，の２項目からなり，【対人面での不安】と命名された。クラスター３について，「家族という不変なものがあって，それが変化するんだなと。一番近い人に裏切られたという思いもあって，そこから，友人と接しても，どこか不安に感じたり」と語った。

**クラスター間の比較と全体を通してのＡの解釈**　Ａは，「この３つ（のクラスター）を見て，プラスな部分とマイナスな部分があって，今となっては，また別の考え方ができるようになって，前向きになっているんじゃないかと思う」と話した。〈視点の切り替えの転機はどのようにして生じたのか〉と聞くと，時間の経過が大きかったが，父親や姉との交流によって，「せっぱつまっていた状況からの解放があった」と言った。〈過去と現在の区切りをつけられたのは，どうしてか〉という質問には，「周りの人の支えとか愛情とか。抜けたお母さんの穴を別のものが埋めてくれた時に区切れたような気がする。お父さんもいつでもお母さんに会いに行ってもいいよと言ってくれた」と語った。だが，現在の母親との関係を「家族ほどの近さはない。それはないけど，一応，理解者の一人」と言い，母親との面会はこれからも続けたいと話した。母親との面会交流の意味に関する質問には，「生んで，それまで育ててくれた。で，学費もいただいた。自分を支えてくれたので，面会をするのはその人を知っていたいというのか」と答えた。

**Ａの事例の考察**　母親との面会交流のきっかけとなったのは，大学進学による学費の工面であった。「一番近い人に裏切られた」と母親への不信感を語ったAだったが，「今まで気づけなかった部分を理解できたり，母親の存在として，新たな理解者として気づけた」と述べたように，経済的な支援を介して，母親との新たな関係が構築されていった。金銭のやり取りが中心となる面会交流ではあるが，母親への認識の変容が生じ，時間の経過とともに，過去と現在の区切りをつけ，母親への許しにもつながったのだと考える。子どもの成長にとって必要な体験を保証するうえでも，別居親からの経済的な支援は重要であるが，それは同時に，別居親から同居親への気遣いともなる。別居親からの経済的な支援を通して，同居親の中に生じる別居親への感謝の念は子どもにも伝わり，子どもの心の中にある「母親」の肯定的なイメージが育くまれるのだろう。

### 3-2　調査協力者Bについて

Bの両親が離婚したのは，本人が中学3年生の3月であり，原因は母親の浮気であった。当時のBの家族構成は，ともに40歳代であった両親と2人の姉であった。Bが10歳くらいの頃から，子どもの目前で言い争いをするなど，両親間での諍いが増え始めた。地域のサークル活動に通うため，週に2，3日，母親は夜に家を空けるようになり，地域のサークル活動を通じて知り合った男性と付き合うようになった。Bが中学生になった当時，母親はうつ状態になり，自宅での飲酒が増え，家事を父親が行うようになったという。そしてBが中3の時，以前とは別の男性の自宅に入り浸ってしまい，家に帰ってこなくなってしまった。離婚当時についてBは，「父から離婚したよと聞いても，特別悲しいとか，そういうのは感じなかった」と回想した。父親から好きなだけ母親に会ってきなさいと言われており，離婚後は，月に1回のペースで母親と会っていたという。なお，調査時において，父親と母親はともに再婚していない。Bのクラスター分析樹形図を図6-2に示した。

**重要順位とBによる各クラスターのイメージと解釈**　重要順位の高い順にほぼ3分の1を挙げると，自分を認める①，働くことへの考えの変化②，将来のことを考える③，悩み相談ができる④，自分を省みる⑤となった。全体的に，母親との関係を通した自己像の形成や自己の認知に関する内容となった。

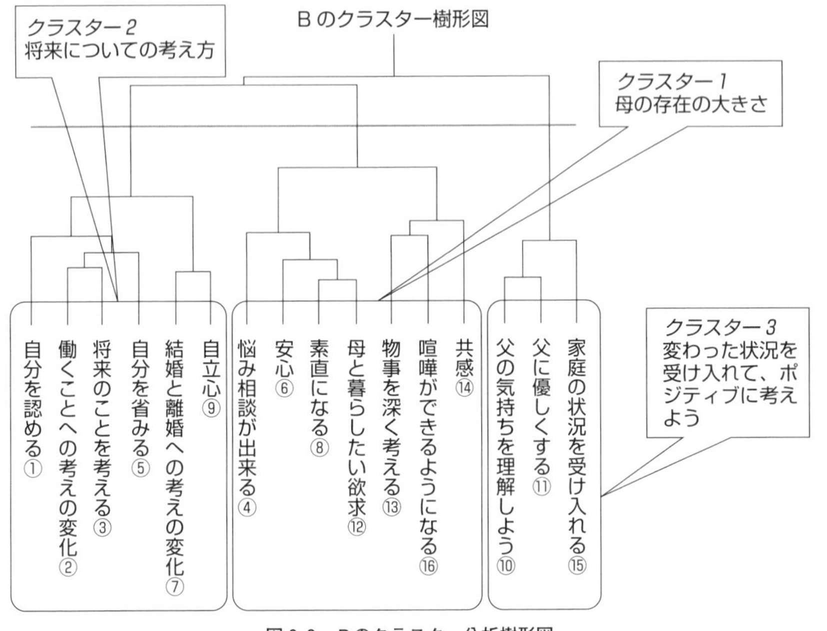


図6-2　Bのクラスター分析樹形図

クラスター1は，隣り合うものから，母と暮らしたい欲求⑫，素直になる⑧，安心⑥，悩み相談ができる④，喧嘩ができるようになる⑯，物事を深く考える⑬，共感⑭の7項目となり，最終的に【母の存在の大きさ】と命名された。クラスター1について，「離れて暮らすと，たまにしか会えないので素直になる努力をした」「たまに会った時に，お母さんだなという安心感。お父さんとずっと暮らしていると，悩み相談もできない」と語った。また，「母と会うようになって，母以外の人にも言いたいことも言えるようになった」と，母親との関係の変化が母親以外の対人関係にも影響を及ぼしたと話した。クラスター2は，隣り合うものから，将来のことを考える③，働くことへの考えの変化②，自分を認める①，自分を省みる⑤，自立心⑨，結婚と離婚の考え方の変化⑦の6項目であり，最終的に【将来についての考え方】と命名された。クラスター2について，「母の生き方を見て，自分は何がしたいのか考えた」と話した。そして，「周りの友達で夢に向かって頑張っている人を見て，自分はダメだなって。そういう話を母にしたら，（途中省略）あなたは，あなたなんだよと言ってもらって」と母親の言葉によって自分を認めることができたと語った。クラスター３は，隣り合うものから，父に優しくする⑪，父の気持ちを理解しよう⑩，家庭の状況を受け入れる⑮の３項目となり，最終的に【変わった状況を受け入れて，ポジティブに考えよう】と命名された。

**クラスター間の比較と全体を通してのＢの解釈**　母との面会交流を通して，Ｂは将来について考えるようになり，母の存在の大きさを再確認することになったと述べた。〈お母さんのアドバイスが大事だなって思い始めたのはいつ頃から〉という質問には，「就職を考えるようになった大学生になってから」と返答した。離婚した直後は，他の家庭と比べて悩むこともあったが，現在は家族の構成員が皆異なった生活を営んでおり，「なかなか面白い家族だなと思うようになった」と言い，「そのように思えるのは時間も大きいと思う。離婚する前の母は暗くて元気がなかったけど，今は生き生きと生活しているので，それはよかったなあと」語った。さらに，母親との面会交流の意味に関する質問には，「子どもにとって母親の存在は父親よりも大きいので，離婚後も面会交流をした方がよい」「私と母が同性だからというのもある。お父さんに相談することはなかった。私を否定しないで，それがあなただよという風に認めてくれる」と同性であるがゆえの母親との親密な関係について話した。

**Ｂの事例の考察**　クラスター１に「母の存在の大きさ」と命名したように，母親は同性の親であることから，相談することや共感することが多いため，面会交流を通して母親との親密な関係をＢは築いてきた。Ｂにとって母親との面会交流は，自己を映し出す鏡のような機能をもっており，母親の姿を通して将来の自分の生き方を模索するなど，母親はモデル的な役割を有している。周囲の友人と自分とを比較して悩んだＢであったが，「あなたは，あなたなんだよ」と母親からの承認を得ることで，Ｂは自己を認めることができた。Ｂにとって，母親との面会交流は，自己像の形成と自我の確立のために必要であったと考える。

### 3-3　調査協力者Cについて

Cの両親が離婚したのは，本人が小学校4年生の夏であった。Cが2歳の時に両親は別居し，母方の実家で母と双子の姉，そして祖父母と暮らしていたが，母親がうつ病と診断され，小学校2年生からは双子の姉とともに父親に引き取られた。夫婦間の不和が別居の理由であったが，Cが2歳から小1の時まで，父親は月のうち3，4回程度，Cと姉に会い，外出をするなど一緒に遊んでくれたという。「別居していたので，実質離婚をしていたようなもの」と当時を振り返り，離婚の実際の手続きについては驚かなかったという。父親が親権をとったが，「お父さんの中には，娘には母親がいた方がよいというのがあって」という理由で，週末には母親の住む実家にCと姉を預けて，日曜日には迎えにくるという生活をしていた。定期的に母親との面会を続けていたが，Cと姉が中学1年生の時に，「死ねばいい」といったような，姉に対する母親の暴言がひどくなったこともあり，面会の回数は減ったものの，現在（調査時）も継続している。なお，調査時において，父親と母親はともに再婚していない。Cのクラスター分析樹形図を図6-3に示した。

**重要順位とCによる各クラスターのイメージと解釈**　重要順位の高い順にほぼ3分の1を挙げると，不健康にさせられた①，もっと守って欲しい②，どうしてこんなことになった③，ありがとう④，癒してほしい⑤，相互理解のきっかけ⑥となった。①～③は親への怒りや悲しみともとれるが，④～⑥は母親への愛着の欲求であると考える。

クラスター1は，隣り合うものから，悲しかった⑲，もっと守って欲しい②，どうしてこんなことになった③，不健康にさせられた①，癒して欲しい⑤，普通がよかった⑳，寝てる⑮，嫌だ⑬，何とかして欲しい⑧，やめて欲しい⑫，病院⑨，お互いに健康に⑯，成長した⑭，相互理解のきっかけ⑥の14項目となり，最終的にクラスター1は，【悲しみと意欲】と命名された。クラスター1について，「もっと子どものことを大切にして欲しかった。（途中省略）親に普通でいて欲しかった」「恨み，怒りが根底にあって，怒りの奥にあるのが悲しみ」と語った。クラスター2は，隣り合うものから，ありがとう④，嬉しかった⑦，また会いたい⑩，楽しかった⑪，の4項目であり，最終的には【愛して

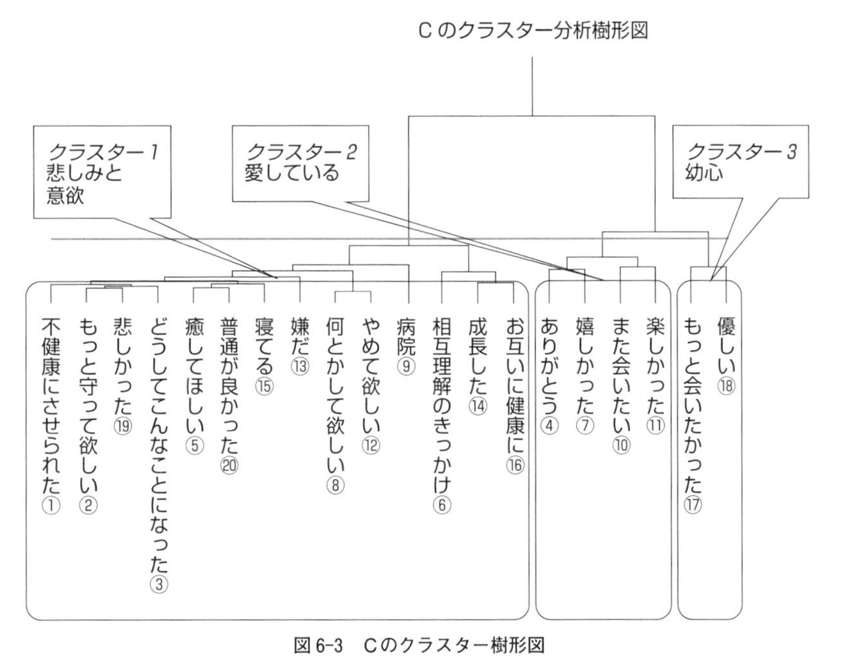


図6-3　Cのクラスター樹形図

いる】と命名された。クラスター2について，「嬉しかった，感謝とか。ここを全部合わせると大好きとか。どちら（の親も）大好き」とポジティブな評価をした。クラスター3は，優しい⑱，もっと会いたかった⑰の2項目であり，この2つを合わせて【幼心】と命名された。クラスター3について，「二人とも甘やかしてくれたり，愛情を感じている」と語った。

**クラスター間の比較と全体を通してのCの解釈**　　全体を通してCは，「お父さんもお母さんも一人の人間だし，離婚も仕方がないかもしれないけど，（途中省略）両親に対しては愛着がある」と両親への想いを語った。「お母さんと自分を重ね合わせていたところはあったけど，お母さんは一人の人間だって思うようになった」と言い，母親との面会交流の意味に関する質問には，「娘にとって母親と離れて暮らすことは，普通とか異性との付き合い方を学ぶことの妨げにはなると思う」と続け，「面会交流をした後はとても寂しかった。また離れなくてはいけないというストレス。面会交流は非日常的」と話した。「総合的に考えると面会交流はプラスだった。会えると嬉しかった。成長の糧にもなった」「親の不在。それが大きな要因。守ってくれるものが欠けている。面会する時に愛情が伝わっていればいいのだと思う」と語った。

**Cの事例の考察**　面会交流が非日常的であるとCが述べているように，母親との面会は，守ってくれるはずの母親の不在と寂しさを実感する場面でもあった。クラスター2に【愛している】と命名した一方で，「恨み，怒りが根底にあって，怒りの奥にあるのが悲しみ」と語っているように，母親へのアンビバレントな感情がみられる。金（2007）は，「抑うつ的な人は依存欲求が深く抑圧されており，依存欲求が満たされない時の反応は恨みの反応である」と述べている。「死ねばいい」と姉に言うほど，不安定な精神状態の母親に対して，甘えたくても甘えられず，諦められない状態が長く続くと，恨みや怒りという心理的な反応が生じることがCの事例からは読み取れる。

## 4. 総合的考察

### 4-1　離婚後に別れて暮らす母親と娘との面会交流の意味

PAC分析を用いた3人のインタビューにも見られたように，親の離婚によって，子どもはそれまで親に抱いていた安心感や信頼感，また理想とする家庭や恋愛イメージを失い，「自分は親に優先されなかった」という，見捨てられ感とともに，「自分は離婚家庭の子なのだ」と認識する。加えて，3人の事例では，浮気や身体的・精神的な不調など，娘の親権をとれなかった，あるいは放棄せざるを得なかった母親側の事情があった。さらに，親の離婚の時期が9歳（Cは小4）から15歳であったことは，親からの心理的な分離，あるいは親との対立を体験しながら，親子間での程よい距離感と相互的な関係を形成するようになるという，思春期の課題もあった。3人の女子学生のPAC分析を通し，離婚後に別れて暮らす母親と娘の面会交流の意味について，青年期における女性の精神的な自立を中心に検討したい。

水本（2009）は，青年期から成人期の移行期における親子関係に関する先行研究を精査し，精神的自立のプロセスについて，「男性では親と距離を置くようにして親から分離し，独立性を確立した後にその距離を置いたままで親との高次の親和性を獲得するのに対し，女性においては親との近い距離を保ちながら自立する」と性別の違いを指摘している。Bは【母親の大きさ】について，「私と母が同性だからというものある。お父さんに相談することはなかった。私を否定しないで，それがあなただよという風に認めてくれる」と語った。また，「母と会うようになって，母以外の人にも言いたいことも言えるようになった」と述べている。これは，母親との親密性の深さと信頼の高さが，娘自身の自己受容と積極的な他者関係のスキルとも関連していると考える。別れて暮らしても，面会交流を通して親密な母娘関係を形成し，母親を女性としての生き方の見本とするなど，娘にとって母親は影響を受けやすい存在であることがBの事例からは示唆されている。

一方で，「話すことになって，見方が変わったというか。自分も母親のことをこういうふうに見ていたんだな」(A)，「離婚する前の母は暗くて元気がなかったけど，今は生き生きと生活しているので，それはよかったなあと」(B)，「お母さんと自分を重ね合わせていたところはあったけど，お母さんは一人の人間だって思うようになった」(C) という発言は，いずれも，母親を客観視している言葉である。大島 (2014) は，青年側から見た親に対する認識の変化は，「親の視点に立つ」段階の次に「親を捉え直す」段階へと進み，「親へのイメージを統合」する段階へと変化していくと指摘している。3人にみられた母親への客観視は，面会交流を通して，母親イメージが統合されるプロセスにおいて生まれたものであろう。また，「生んで，それまで育ててくれた。(途中省略)，面会をするのはその人を知っていたいというのか」というAの発言にみるように，自分の目で母親の実像を確認するのは，一人の女性としての母親の姿を受け入れていくことであり，将来への自立に向けた自己を確立するためにも母親と会うことは必要な作業であったと考える。

面会交流を支援する民間団体の事務局長である山田氏は「(別れて暮らす) 父親と子どもが10歳を超えてから面会をしようとすると，学費などのお金のやりとりが中心になり，本当の意味での親子の気持ちの交流はできていないのだ」と述べている (野口，2015)。この指摘にみるように，離婚後に別れて暮らす父親と子どもとの面会交流は学童期までが主となり，中学生になると部活動が始まることから，父親とは距離ができるようになる。だが「お母さんだなという安心感。お父さんとずっと暮らしていると，悩み相談もできない」「私と母が同性だからというものある。お父さんに相談することはなかった。私を否定しないで，それがあなただよという風に認めてくれる」とBが言ったように，同性ゆえの親密性の高さから，青年期において，母－息子間よりも，母－娘間の方が接する時間が長くなるのではないかと考える。また，「母の生き方を見て，趣味から始めたものが仕事になっていて，カフェやネイル，エクステをしていて，そういう自由な仕事の仕方を見ていて，自分は何がしたいのか」とBが言うように，女性としての生き方の身近な存在として，母親の影響を受けやすいという面もあるだろう。

インタビューのまとめとして，母親との面会交流の意味に関する質問について３人に質問をしたところ，「生んで，それまで育ててくれた。で，学費もいただいた。自分を支えてくれたので，面会をするのはその人を知っていたいというのか」(A)，「私と母が同性だからというものある。お父さんに相談することはなかった。私を否定しないで，それがあなただよという風に認めてくれる」，「会えると嬉しかった。成長の糧にもなった（途中省略)」「お母さんと自分を重ね合わせていたところはあったけど，お母さんは一人の人間だって思うようになった」(C）と答えている。小田切は（2009）は，子どもにとっての面会交流の意味について，「親から愛されていることへの確認」，「親離れの促進」「アイデンティティの確立」を挙げている。面会交流を通して親からの愛情を確認するとともに，自分を生み，育ててくれた人がどのような人なのか，自分のルーツについて深く理解していくことで，自親とは異なる自分らしさを発見して生きていくことができる。そのためには，青年期になっても親との面会交流を続けていくことが，本来の，いわば等身大の親の実像を確かめることによって，自分らしさや自分の生き方を見つけるのではないか。

３人の事例から，精神的な自立を迎える段階において，娘にとっての母親との面会交流の意味は，親の愛情を確かめつつ，過去や現在の自分と向き合いながら，将来に向けた自らの自己像を形成していくための機会であると言えよう。

### 4-2　離婚後に同居する父親の役割

堀田（2012）は，離婚後に母子家庭で育った18歳以上の青年を対象としてインタビュー調査を行い，多くの青年が両親の不和を体験しており，「不在がちな父親」「浮気をしている父親」「暴力的な父親」といった否定的な父親イメージが語られ，父親を非とすることで母子家庭内の母子の結びつきが強められたのではないかと述べている。

本調査では，Cの母親にみるように子どもへの暴言はあったとしても，母親を非とすることで父子家庭の結びつきを強めるような調査協力者の語りや，母親に対して激しい怒りをぶつける発言はみられなかった。別居親である母親を非とする反応がみられない背景には，母親との面会交流を勧め，離婚後の共同的な養育に理解を示した父親の姿勢があった。同居親への気遣いから，別居親に会おうとしない子どももいるが，３人の事例にみるように，別居親との面会交流の施行については，実は同居親の意向が強い。「父に優しくする⑪」，「父の気持ちを理解しよう⑩」という父親への評価に関する連想項目をBは提示しているが，それは，「父親から好きなだけ母親に会ってきなさい」と母親との面会交流を認めてくれた父親の態度と連動している。Thompson（1994）は，経済的支援の義務以外などで，離婚後の父親がどのように，より豊かで有意義な役割を果たすことができるかを考えることは不可欠であると述べている。父親にとって，別れた妻との新たな関係の構築は重要な役割である。子どもの養育に関する離婚後の両親の協力的な関係は，別居親に関する話題を子どもと同居親が共有できたり，同居親が別居親への否定的な感情を語る場面が少なくなるなど，別居親に対する子どもの信頼感を高くする効果がある。この３人の事例においても，同居親である父親への評価は，別居親となった母親への評価とつながっており，父親に対して娘が期待するのは，母親との協力関係の中で生きる父親の姿である。

### 4-3　心理臨床学的研究においてPAC分析を用いることの有効性

３人の調査協力者に全体を振り返った感想を聞いたところ，Aさんは，「そうですね，不安もあったんですけど，今となっては，また別の考え方ができるようになって，前向きになっているんじゃないかと思いました」と答えた。B

さんは，「あらためて自分の心の中を整理できた。母のことをこんなふうに見ていた。父のことをこんな風に考えていた。あらためて，いろいろと考えさせられることにもなった」と話した。そしてCさんは，「今まで，バラバラだった概念を一つにまとめなければならなかった。私には吐き出すことが必要だと思っている」と語った。このような発言に見るように，PAC分析を調査の手法に用いたことで，調査協力者自身が自らの内面構造を確認することができた。また，調査者にとっても，樹形図を見ながらの面接は，親の離婚後と母親との面会交流をめぐる彼女たちの心理的な体験に同行することを可能とさせた。個へのアプローチに着目するPAC分析を創案した内藤の背景には，元来は実験社会心理学を専攻としたが，心理臨床の実務に携わり，その後社会心理学の講座を担当するという経緯があった。内藤（1997）は「個人独自の態度構造」を捉えることで，「従来の事例研究の呪縛から，個性記述的研究を解放できる」という思いから技法の開発に着手したと述べている。自由連想を用いることで，PAC分析は被験者自身のスキーマという枠組みを通して抽出された変数（連想項目）が採用されることとなり，3人という限られた事例ではあるが，対象者の内的な世界に間主観的にアプローチすることが可能となった。この点において，心理臨床の研究分野においてPAC分析を面接に用いる有効性があると考える。

PAC分析で扱う変数は，イメージとして浮かぶ連想項目であるが，その内容は提示刺激によってコントロールされる（内藤，2008）。今回の提示刺激は「あなたにとって，別れた親との面会交流が自分の心の発達や成長に対して影響を及ぼしていること，あるいは及ぼすであろうものはどんなことがありますか。頭に浮かんできたイメージや言葉を思い浮かんだ順に番号のついたカードに，20枚を目途として，それぞれ1枚につき1つの言葉を記入して下さい」というものであり，過去における連想の記憶を想起するように調査者が求めたものであった。今回の調査研究の主な目的が離婚後の親子の面会交流の心理的な体験の探索であったので，このような刺激文になったが，変数間の関連を測定するならば，何と何との関係を明らかにするのかを十分に検討し，それらの変数を連想させるのに有効な提示刺激文を作成することが独創的な発見につながることは言うまでもない。刺激文の作成は研究の成否について大きく影響を及ぼすので，どのような場面でどのような葛藤が表現されやすいのかという点に留意するともに，連想刺激の語順についても，慎重に選択をすることが重要となるのは言うまでもない。

## 4-4　おわりに

上述したように，民法の改正や面会交流に関する父親からの調停の申し立てが増えてくることにより，適正な面会交流について，公的機関，専門家，専門機関等を利用して，早期に，しかも問題を残さないような解決方法を選ぶ父母が増えてくる可能性は考えられる。離婚生活は夫婦関係の破綻であるが，人間であるからこその憎しみや恨み，トラウマや恐怖といった高葛藤は夫婦の間に生じる。離婚紛争では，親は自分のことで精いっぱいになってしまう傾向もあり，「子どもの権利」が守られるためには，司法だけでなく行政機関など，第三者が効率的に子どもの支援に介入する必要が生じているのではないだろうか。

青木（2016）はノルウェーの離婚制度を紹介するなかで，離婚申請時の法的義務である調停において，第三者である心理士が家族とのカウンセリングを担当すると紹介している。これは夫婦関係の調整や離婚後の養育プラン合意書の作成が目的となるのだが，その根底にあるのは子どもの最善の利益の考慮であるという。多くの国では子どものいる夫婦に対しては，養育費や面会交流に関する計画がなければ離婚できなかったり，また，その約束が守られなかった場合には，厳しくその責任が問われる制度がとられている（例えば河嶋，2010）。むろん，面会交流は固定的で何か決まった形があるわけでなく，子の年齢や発達の段階によって，状況に応じて変化していく必要がある。子どもが年齢を重ねるごとに難しい要素が増えてくる。子どもの意思や意見をくみ取ってくれる周囲の大人の一人として，周囲の大人の存在の重要性があるのではないかと考える。

本調査の調査協力者の３人ともに両親が再婚をしておらず，父親が母親との交流に協力的であり，大学への進学を果たすなど，経済的な困難もさほど影響がなかったと思われるケースである。今後は再婚家庭の子どもの心理体験や経済的な事情等により，大学に進学できなかった（しなかった）青年たちへの心理的体験にも目を向ける必要があるだろう。また，自らの経験を語ることができたのは，自分の人生に親の離婚を意味づけしようとしているからであるとも言えよう。また，今回の調査協力者の3名の両親は再婚していなかったが，離婚だけでなく，親の再婚を経験した子どもの心理的体験にも関心を向ける必要もある。

子どもにとって親の離婚は避けたい事態である。だが，親同士が離婚を選択してとしても，自分には両親がいるということを実感しながら育つことが子どもに大きな力を与える。別居親との交流の大きな目的は，子が親を知り，その親の愛情を確認して安心して育つことにある。離婚によって家族が崩壊するという考えもあるだろう。だが，離婚によって家族の形態は1つの家庭から2つの家庭になることはあっても，親に対する子どもの思いが変化するとは限らない。

### 文　献


Ahrons, C. R. (2004). *We're still family: What grown children have to say about their parents' divorce.* New York: Harper Perennial.（アーロンズ，C. R.　寺西のぶ子（訳）(2006)．離婚は家族を壊すか――20年後の子どもたちの証言　バベル・プレス）

青木　聡・野口康彦（2016）．ノルウェーの離婚制度　家族療法研究，*33*(2)，216-224.

Bauserman, R. (2002). Child adjustment in joint-custody versus sole-custody arrangements: A meta-analytic review. *Journal of Family Psychology, 16*(1), 91-102.

藤田ミナ・岡本祐子（2009）．青年期における母娘関係とアイデンティティとの関連　広島大学大学院心理臨床教育研究センター紀要，*8*，121-132.

古川裕之（2014）．描き手が自身の風景構成法作品を眺める体験の検討――PAC分析を用いて　心理臨床学研究，*32*(2)，261-266.

堀田香織（2009）．親の離婚を体験した青年の語り　心理臨床学研究，*27*(1)，40-52.

堀田香織（2012）．母子家庭で育った青年のアイデンティティ形成――別れて暮らす父親との関わりを通して――　科学研究費助成事業研究成果報告書

井上孝代（1998）．カウンセリングにおけるPAC（個人別態度構造）分析の効果　心理学研究，*69*(4)，295-303.

岩城晶子（2014）．「いやなもの」についての臨床心理学的考察――PAC分析を用いた検討から　京都大学大学院教育学研究科紀要，*60*，223-234.

河嶋静代（2010）．子どもの権利と共同親権・共同監護――非監護親の養育責任とひとり親家庭の福祉施策をめぐって――　北九州市立大学文学部紀要，*17*，1 25.

金　美伶（2007）．抑うつの概観及び抑うつ発生に関する諸理論　お茶の水女子大学

子ども発達教育研究センター紀要，*4*，95-104.
厚生労働省大臣官房情報部（2015）．平成26年わが国の人口動態統計——平成24年までの動向．2017年10月1日取得
水本深喜（2009）．青年期から成人期への移行期の親子関係——特に母娘関係に焦点を当てた研究の展望青山心理学研究，*9*，71-82.
内藤哲雄（1993）．個人別態度構造の分析について　信州大学人文科学論集，*27*，43-69.
内藤哲雄（1997）．PAC分析の適用範囲と実施法　信州大学人文科学論集，*31*，51-87.
内藤哲雄（2002）．PAC分析実施法入門（改訂版）　ナカニシヤ出版
内藤哲雄（2008）．PAC分析を効果的に利用するために　信州大学人文学部人文科学論集，*42*，15-37.
Nielsen, L. (2013). Parenting time & shared residential custody: Ten common myths. *The Nebraska Lawyer, 16*(1), 5-8.
野口康彦（2015）．離婚後の親子の面会交流と子どもの心理発達——2つの支援機関のインタビュー調査から——　茨城大学人文学部紀要人文コミュニケーション学科論集，*18*，45-62.
小田切紀子（2004）．離婚を乗り越える——離婚家庭への支援をめざして——　ブレーン出版
小田切紀子（2009）．子どもから見た面会交流　自由と正義，*60*(12)，28-34.
大島聖美（2014）．青年の親に対する認知の重要性——青年期の親子関係研究及び親準備教育の観点から——　広島国際大学心理科学部紀要，*2*(1)，69-78.
千秋佳世（2010）．PAC分析を応用した自我体験の語りに関する一考察　心理臨床学研究，28(4)，434-444.
棚瀬一代（2007）．離婚と子ども——心理臨床家の視点から——　創元社
Thompson, R. A. (1994). The role of the father after divorce. *The Future of Children, 4*(1), 210-235.

## 付　記

本稿は茨城大学人文社会科学部紀要人文コミュニケーション学論集第4号（2019）に所収されている野口康彦「離婚後に別れて暮らす母親と娘との面会交流に関する探索的研究―3人の女子学生のPAC分析を通して―」に加筆・修正を加えたものである。また，本調査は科学研究費「親の離婚後の子どもの精神発達に関する研究―面会交流のあり方と養育費授受の影響―」(16K01858)の助成を受けている。

# 第7章

# ある日本語授業についての経験日本語教師[1] Aの語りとその背景にある意識
## マルチメソッドによる分析

小澤伊久美・嶽肩志江・坪根由香里

## 1. はじめに

日本語教師は教授活動に関してどのように考え教授行動を決定しているのか，また，そうした思考は何を裏付けになされているのか。小澤・嶽肩・坪根（2004，2006），坪根・小澤・嶽肩（2005），嶽肩・坪根・小澤（2009）は，日本語母語話者である新人日本語教師（教歴1年未満，以下，新人教師），同じく経験日本語教師（教歴20年以上，以下，経験教師）を対象とし，教授行動に関する思考の解明を目的とした一連の研究である[2]。具体的には，調査対象者である教師に，ある日本語の授業をビデオで見せ，教師らがそれを見ながら気付いたこと，感じたこと等を，その場で口頭で再生してもらったプロトコル，授業観察直後の感想レポート，ビリーフ[3] 質問紙への回答を分析している。分析の結果，新人教師は学習者との関係や学習者への対応の仕方を重視していること，経験教師は授業全体の流れや目的を踏まえ，個々の活動を授業全体の目標と関

1　筆者らは小澤・嶽肩・坪根（2006）までの研究では，日本語教育経験20年以上の教師について「ベテラン教師」という表現を用いていたが，教育経験の長短のみに言及しているという筆者らの意図をより明確にするため，嶽肩・坪根・小澤（2009）から「経験教師」に表現を改めている。なお，混乱を避けるため，先行研究として言及する際にも「経験教師」という表現で統一した。

連付けて捉え直していること等を始め，新人・経験教師のそれぞれに共通する思考の特長等を明らかにした。

小澤・嶽肩・坪根（2004，2006），坪根・小澤・嶽肩（2005），嶽肩・坪根・小澤（2009）によって，複数の手法を併用するマルチメソッド研究の有用性が確認されたが，一方で，2節で述べるような課題も指摘されている。その課題を踏まえて，質問紙調査を改善し，プロトコル，感想レポート，質問紙の回答に加えて，PAC分析（内藤，2002）を取り入れたのが本研究である（詳細は2節で述べる）。本稿では，この新たな調査で得られたデータのうち，経験教師1名に焦点を絞り，この教師が具体的な教授行動に関してどのような判断を下すかを，プロトコル，感想レポートから分析するとともに，質問紙の回答や，PAC分析のデータから明らかになったビリーフ等との関係性を考察する。最後に，本研究の手法が教師の実践的思考（教授活動に関する実践知を用いた思考）を解明する上で有用かについても論じたい。

## 2. 先行研究における本研究の位置づけ

日本語教育の分野では，1990年代に入ってから，授業場面における実践的教授能力の解明や育成を目的とした授業分析や教師の内省の分析が盛んになり，FOCUSを始めとするカテゴリー観察法，授業日誌執筆を通じた自己分析，刺激回想法等のビデオを利用した授業分析，エスノグラフィーやフィールドワー

2　新人教師・経験教師という区分を設けたのは，経験年数に比例して熟達すると考えたからではなく，教師としての経験年数の違いが，それまで経験してきたことの広がりの相違につながり，教師ビリーフにも何らかの影響が見られる可能性を考えたからである。なお，それぞれの経験年数は，学校教育の分野における教師の成長に関する研究（佐藤・岩川・秋田，1990；佐藤・秋田・岩川・吉村，1991）の区分を参考にして設定した。本調査では，教師の経験の広がりを越えた共通性があるか，個々の教師の体験した社会背景・教育界の動向等が教師の意識に影響を与えているかということは，経験年数の差が大きな教師を複数名比較調査したほうが検討しやすいのではないかと考え，中間のグループは対象とせず，新人教師・経験教師の2グループのみについての調査を行っている。

3　本稿では教師ビリーフを，教師が「言語学習の方法・効果などについて自覚的または無自覚的にもっている信念や確信」（日本語教育学会，2005，pp. 807-808）という意味で用いることとする。

クによる授業研究等，様々な方法が提案されてきた。しかし，教師が実践場面で何をきっかけとしてどのように無意識的かつ即興的に判断しているかという思考の解明は，これらのどの分析法でも行うことはできない。

教科教育の分野では，教師自身の授業実践の場における思考ではないものの，目の前で展開する授業に関して教師が瞬時にどのような物事を捉えて問題発見・診断・問題解決をしているかという思考を取り上げた次のような試みがある。

「VTR 中断法」(吉崎，1991) はビデオで授業を観察させ，そのビデオを中断した場面において，観察者が取りたいと思う行動を問う形でシミュレーション的に即興的判断を調査したものである。この方法は，複数の教師の即興的判断を同一の場面について問うことができるため，教師の思考の比較対照等の分析が可能になる。しかし，調査者が恣意的に取り上げた問題場面について尋ねるため，場面が限定されてしまうという問題がある。

「カード構造化法」(澤本，2004 他) は他者の授業をビデオで見ながら気付いたことを書き出すもので，授業場面全体において，授業と同時に生起する思考を取り上げることができ，また，大勢の教師の思考についての分析も可能であるが，記録にかかる時間のロスがある。

「オン・ゴーイング法」(生田，1998) は，授業観察をしている教師が，考えていることを観察と同時に口頭で再生することにより，授業全体についての即興的判断を時間のロスを減らして記録できるだけでなく，ビデオカメラで撮影した特定の視野からではなく観察者自身の視点で観察できるという利点がある。しかし，クラスの片隅に小声でつぶやいて自らの発話を記録する観察者がいるという不自然な状況を教室に持ち込むこと，観察者が極少人数に制限されるため大勢の思考を分析するのは不可能であること，という問題がある。

佐藤・岩川・秋田 (1990) は「オン・ゴーイング法」の変則版とも言え，ある授業をビデオで見せ，観察した教師にビデオ視聴と同時に考えたことを口頭で再生させるという方法を取っている。これは，ビデオカメラによる視野の制限はあるが，授業場面全体についての即興的思考を時間のロスを抑えて記録できる，ビデオの利用によって同じ状況における多くの教師の思考を比較分析することができる，という利点がある。また，授業視聴時の発話プロトコルと観察直後の感想レポートとの比較からも，授業の進行と同時に即興的になされる思考の特徴を明らかにした。

このような背景から，佐藤・岩川・秋田（1990）を参考に，経験日本語教師と新人日本語教師の比較から教師の実践的思考の解明に取り組んだのが，小澤・嶽肩・坪根（2004），坪根・小澤・嶽肩（2005），小澤・嶽肩・坪根（2006）である。これは，日本語母語話者である新人日本語教師（日本語教師養成プログラムを修了し，教歴1年未満）と，同じく経験日本語教師（ボランティアや個人指導を除く教歴20年以上）各10名，合計20名を対象に行った調査で得たデータを，様々な観点から分析した一連の研究である。具体的には，調査協力者（以下，協力者）に，ある日本語学校の実際の授業風景（50分間，内容は初級の文法導入）をビデオで見せ，教師らがそれを見ながら気付いたこと感じたこと等をその場で口頭で再生したプロトコル，授業観察直後に書いた感想レポート（テーマ・長さ・形式・時間は自由），教歴等についてのアンケートとBALLI[4]等を基にしたビリーフ質問紙への回答を分析した。なお，ビデオを見る前に，使用教材や学習する課と文型，また学生の国籍等の予備知識ならびに口頭再生する際の注意点を文章等で伝えた。

小澤・坪根・嶽肩（2004）は，佐藤・岩川・秋田（1990）を参考に，プロトコルを命題ごとに区切り，授業を見た教師が即興的に何に「着眼」し，どのような「機能」を持つコメントをしているかで分類して分析している[5]。結果として，新人教師は主に事実の指摘をするに留まり，教授法についての解釈や代案提示ができないものの，学生の様子に多くの着眼点を置いていること，発話の命題数としては経験教師とほとんど差がなかったことなどを明らかにした。また，経験教師が行為の目的や授業の文脈を踏まえて教授法の是非についての指摘や代案を提示していることも指摘した。

坪根・小澤・嶽肩（2005）は，感想レポートを分析に加え，プロトコルでは見られたコメントが同一人物の感想レポートに記述されていないことがあるこ

4　BALLI（Beliefs About Language Learning Inventory）は，外国語学習に関する教師，学習者の信念（beliefs）を調べるためにHorwitz（1985）が開発したものである。

5　分類項目は佐藤・岩川・秋田（1990）と，事前に行ったパイロット調査の結果を基に，筆者らが設定した。詳しくは小澤・嶽肩・坪根（2004）を参照のこと。

とを明らかにし，感想レポートでコメントされていないからといって必ずしもそのことに気づいていないとは言えない可能性があることを指摘した。従来，教師の思考に関する考察では，授業観察時の発話記録と授業観察後の感想レポートとが同一研究の中で取り上げられることはほとんどなく，それぞれが単独で教師の実践的思考を表すものとして扱われてきたが，両者を相互に対応させて分析した時に，それらを別個に分析している時とは異なる知見が得られるのではないかということを指摘した。

それを受けて，小澤・嶽肩・坪根（2006）は，協力者それぞれについてプロトコルと感想レポートを対応させ，各自の思考の流れを質的に分析した。その結果，経験教師は，プロトコルでは断片的に述べていたことを，感想レポートでは常に授業の目的を意識し，個別の項目もその場面以外の様々な事象と関連づけて検討しつつ授業全体の中に位置付けて捉え直すという「思考の文脈化」を行っていたことがわかった。一方，新人教師は，プロトコル同様，感想レポートでも印象に残った点の羅列的記述が多かったが，必ずしも即興場面で気付いたことが感想レポートに網羅的に記述されているわけではないこと，感想レポートでは全体を見渡して気付いた問題点や教師の立場を客観的に見たことによる気付きが記述されていること，自分と異なる教授観等に対する価値判断の一時留保があること等がわかった。また，このような分析方法によって，個々の教師の授業観察時の視点の動きや思考の巡らせ方を具体的に明らかできること，感想レポートの流れやまとまりについても新人・経験教師それぞれの特徴を明らかにすることができることを指摘した。

小澤・坪根・嶽肩（2004），坪根・小澤・嶽肩（2005），小澤・嶽肩・坪根（2006）の知見を佐藤・岩川・秋田（1990）と比べると，経験教師のコメントには具体的な指摘や評価があり，代案を伴うものも見られるが，新人教師のそれは事実の羅列が多いということ[6)]，経験教師は文脈を踏まえた包括的な視野から授業観察をしていること，の2点については佐藤・岩川・秋田（1990）と同じであった。しかし，命題数については，新人教師と経験教師とで大きな差異が見られた佐藤・岩川・秋田（1990）と違い，坪根・小澤・嶽肩（2005）では

6　断定的な指摘や評価がためらわれた原因として，このような発話記録を取るということに慣れていなかった，授業者に遠慮する意識があった，ということも考え得る。

ほとんど差が見られなかった。また，プロトコルと感想レポートを相互補完的に分析することで片方のみではつかめなかった教師の思考が分析可能であること，プロトコルも感想レポートも決して協力者の授業全体に関する思考が網羅されて表現されているのではなく，ビリーフやその時に協力者の抱えている問題意識に影響を受けてフォーカスされた部分が現れている可能性が高いこと等，佐藤・岩川・秋田（1990）では言及されていない独自の考察も得られ，教師の教授行動に関する思考を解明するためにはマルチメソッドによるアプローチが有効であるという示唆を得た。

しかし同時に，小澤・坪根・嶽肩（2004），坪根・嶽肩・小澤（2006），小澤・嶽肩・坪根（2006）の調査方法・分析方法には下記のような問題があることもわかった。

(1) 1台のカメラで撮影したために授業者・学習者の双方が十分に見える映像になっていないことが，筆者らの予想以上に協力者の思考に与えている可能性がある。

(2) BALLI等を援用した質問紙調査だけでは，そのビリーフがどのように生まれ，どのように教室活動に影響しているかまで把握できない。また，使用した質問紙調査は，質問内容から想定される授業とビデオの授業内容にずれがあった。

(3) 通常のインタビューでは調査者の想定していない内容についての考えを引き出すことが困難である。

そこで，(1)については，教師と学習者双方の動きや視線が見られるように2台のカメラで撮影した映像を用意し，(2)，(3)については，質問紙を改善するとともに，PAC分析を活用することにした[7)]。PAC分析活用の理由は，調査者の主観を可能な限り排除し，協力者である教師自身の枠組みによってビリーフを捉えるためである。

この調査の協力者は，大学あるいはそれに準ずる機関で教えている日本語母語話者の新人教師4名と経験教師5名であるが，本研究はこのうち，経験教師1名（教師A）を取り上げて分析したものである。今後，9名の実践的思考を

---

7　視聴対象の授業の内容も，協力者である教師の判断が類型的になりがちな初級の文法導入から，初級後半の会話に変更している。

比較分析していく予定であるが，比較の前に各教師の思考を明らかにしておく必要があるため，まず1名に焦点を絞って分析することにした。なお，Aが前回調査の協力者でもあることから，データ収集方法・分析方法を改善した結果，思考の解明が進んでいることを確認しつつ，今後，様々な面で他の協力者と比較するのに有益なデータが得られそうだという予測から，Aを分析対象に選定した。本稿では，Aのデータを質的に分析した結果から，Aの実践的思考やその背景にあるビリーフを具体的に論じた上で，教授行動に関する教師の思考を分析する際に本研究で用いた手法の有効性についても言及したい。

## 3. 調査概要

調査は2009年8月に，日本の大学に勤務する教師A（日本語母語話者，教歴20年以上）に対して次の手順で実施した。調査には1日半を要した。なお，このうちPAC分析のインタビューに要した時間は2時間強である。

まず，Aに，ある大学における日本語の授業（60分間，初級後半の学習者を対象とした会話の授業[8)]）をビデオで見せ，ビデオを見ながら気付いたことや感じたこと等をその場で口頭で再生してもらい，Aの許可を得た上でICレコーダーで記録した。授業観察直後には感想レポート（テーマ，長さ，時間は自由）を書いてもらった。なお，この授業の全体の枠組みや学習者についての情報や，当日授業で配布したプリント等はビデオ視聴時にAにも提示した。

次に，「いい日本語教師」に関するPAC分析を内藤（2002）の手順に従って実施した（詳細は，小澤・坪根・嶽肩（2011）を参照のこと）。自由連想を引き出す刺激文（日本語）は以下の通りである。この刺激文は，単に授業中の教師の態度・行動等について尋ねるだけでなく，授業外の学習者への配慮や同僚との関わり等も含め，幅広く様々な側面を想起してもらうことを意図して作成された。

8　ある初級後半の日本語の授業の1コマ（90分）から約60分を抜粋したもので，1週間に3日（各日2コマずつ，合計6コマ）の集中コースの一部。コースの主教材は名古屋大学日本語教育研究グループ *A course in modern Japanese*, vol. 2 [Revised edition.]。

> あなたにとって「いい日本語教師」とはどんな教師ですか。その教師は教室内外でどんな振る舞いをすると思いますか。また，あなたは，その教師に対してどんな気持ちを抱くでしょうか。それから，その教師は日本語教育についてどんなことを考えていると思いますか。
> そういったことを含めてあなたが「いい日本語教師」という言葉を聞いて思い浮かべるキーワードやイメージを自由に書いてください。キーワードやイメージは，できるだけ単語で，書いてください。ただし，それが難しい場合はもう少し長く（10字前後ぐらいまで）なっても構いません。

まず，Aに，この刺激文から思いつく連想語を3.5 cm × 10.5 cmのサイズのカードに書き出してもらった。カードの使用枚数は自由とし，イメージが思い浮かばなくなるまで書き出してもらった。次に，その連想した項目を重要度順に並べ替えてもらった後，2項目ごとに取り出し，各ペアについて類似度を「1：非常に近い」から「7：非常に遠い」までの7段階尺度で，すべての組み合わせについて直感的に回答してもらった（類似度の評定は1回のみ）。その回答に基づき非類似度行列[9]を作成し，統計ソフト（HALBAU 7.2）で階層的クラスター分析（距離，ウォード法）にかけてデンドログラムを析出した（図7-1）。

インタビューでは，デンドログラムをAに提示した上で，グループ化された項目群（以下，クラスター（CL））の項目から想起されるイメージや，CL間の共通点と相違点，個々の項目で想起したことなどについて語ってもらった。最後に，インタビュアーにとってわかりにくかった点を確認し，個々の項目の直感的な印象（肯定的（+）・否定的（−）・中立（0））を尋ねた。発話はAの許可を得てICレコーダーに録音し，全て書き起こした上で分析データとした。

PAC分析インタビューを終えた後に，ビリーフ質問紙へ回答を求めた。質問紙は，初級後半の会話授業に関するビリーフを探る51項目と，教師の成長に関するビリーフを探る12項目の他，協力者の属性を問うフェイスシートからなる[11]。回答は「5：賛成」から「1：反対」までの5件法による。

---

9　本来は非類似度行列を掲載すべきであるが，紙幅の都合で割愛する。
10　インタビュー時にはCLの名前や各項目の印象は未記入である。

【クラスター分析　基準:ウォード法 】

0　5.28

| No. | 項目 | 印象 | CL名（ ）は調査者による名付 |
|---|---|---|---|
| 1 | 専門家 | + | CL1：日本語教師に求められるもの（日本語教師として必要な知識、技能、対人関係） |
| 2 | 日本語の知識 | + | |
| 3 | 日本文化の理解 | + | |
| 11 | きれいな（標準的）日本語話者 | + | |
| 12 | 標準的発音・アクセントができる | + | |
| 13 | 聞きやすい発声・発音・声の大きさ | + | |
| 33 | 新しい教育機器を使いこなす力（ないしは使おうとする意欲） | + | |
| 35 | 市販の（世の中にある）教科書・教材の知識 | + | |
| 37 | 所属教育機関の外の日本語教師との連携・ネットワークをもっている | + | |
| 38 | 後進の日本語教師の育成 | + | |
| 39 | 教育環境の整備・改善のために働きかける | + | |
| 34 | 文字や文章がきれい | + | |
| 40 | 事務処理能力 | + | |
| 4 | 教育技術 | + | CL2：生き生きとした授業（生き生きとした授業のための技術、経験と学習者への配慮） |
| 5 | 学習者の知的興味をひき出せる授業 | + | |
| 6 | 学習者に考えさせる授業 | + | |
| 7 | 学習者の実生活に即した話題から授業を進める | + | |
| 8 | 教科書は脇役 | + | |
| 9 | 学習者同士で学び合う授業 | + | |
| 15 | 幅広い知識 | + | |
| 14 | 学習者間の人間関係への配慮 | + | |
| 10 | 情報過多にならない | + | |
| 31 | 教師にできることの限界を知っていること | + | |
| 16 | 言語の持つ権力性への理解 | + | |
| 17 | 学習者（子供を含め）と教師は対等の人格（であることを知っていること） | + | |
| 19 | 学習者にとって、日本語とは何かを考えている | + | |
| 20 | 教育は教室の中でのみ行われるわけではない（ことを知っている） | + | |
| 26 | 世界の中での日本や日本語の位置付けを知っている | + | |
| 29 | 学習者と日本社会の橋渡し役 | + | |
| 18 | 国際理解 | + | |
| 23 | 世界のことに対する知識欲（知りたい） | + | |
| 25 | 外国での生活体験 | + | |
| 46 | 外国語学習経験 | + | |
| 36 | 学習者の出身国の教育事情を知っている | + | |
| 32 | 学習者の母語の知識（できれば能力） | + | |
| 41 | 日本語教育への情熱がある | + | |
| 21 | カウンセラー | 0 | CL3：日本語教師に求められる性格（日本語教師に求められる性格） |
| 22 | 他の教師との協調性 | + | |
| 24 | （6）と似ているが、柔軟な思考・態度 | + | |
| 27 | 寛容性 | + | |
| 28 | 異世代の価値観への関心を持っていること | + | |
| 30 | 人と接することが好き | + | |
| 42 | 誠実 | + | |
| 47 | 社交性 | + | |
| 48 | 笑顔 | + | |
| 49 | 明るい性格 | + | |
| 50 | 楽天性（ポジティヴ志向） | + | |
| 43 | 日本語教育にのめり込まない | + | |
| 44 | 自分の趣味を持っている | + | |
| 45 | （良い教師に対して抱く気持ち）尊敬 | + | |

図 7-1　教師Aのデンドログラム[10)]

# 4. 分析結果

まず，4.1ではAが具体的な教授行動に関してどのような判断を下すかを，プロトコルと感想レポートのコメントと，質問紙の回答から考察する。そして4.2では，Aのビリーフについて主にPAC分析インタビューのデータに基づいて分析する。最後に4.3では，これらの分析を踏まえて，教授行動に関するAの思考と，Aのビリーフとの関係等について論じる。

## 4-1　プロトコルと感想レポートの分析結果

まず，授業のビデオを視聴した際のプロトコルと視聴直後の感想レポートを，それぞれコメントの内容に基づいて分類した[12]（分類のカテゴリーとコメント例は表7-1を参照のこと）。分析の結果，Aは授業を見た時に，即興的にも，授業視聴後に感想レポートを書く際にも，同じような観点からコメントをしていることがわかった。また，Aは授業について，授業の目的を捉えようとし，目的に合った活動か，学習者にとってその授業がどうであるか（学習者の理解度，訂正のフィードバックの仕方，発話量等）を強く意識して判断を下していることが明らかになった。

次に，Aの質問紙の回答を，プロトコルや感想レポートで明らかになったAの教授活動に関する判断と照合してみた。その結果，「授業の目的」「使えるようになる練習」「学習者の発話機会」「学習者の理解確認」「間違いの訂正」に関する回答は，プロトコルや感想レポートから明らかになるAの思考ともほぼ合致していることがわかった（表7-2）。

つまり，Aは，単に視聴した授業のみについてではなく，その他の教授活動

---

11　本調査で使用したビリーフ質問紙は，前回調査で用いたものを嶽肩・坪根・小澤（2009）の議論を受けて修正し，パイロット調査を踏まえてさらに改善を加えたものを使用した。構造方程式モデリング（SEM）を用いた量的分析に用いるために選定した35項目からなる第一部と，SEMには用いないが協力者が視聴した授業に関連がある16項目からなる第二部，教師の成長に関する12項目からなる第三部，そして協力者の属性を尋ねる第四部から構成されている。

12　どのようなカテゴリーを生成するかや各コメントをどのカテゴリーに分類するかは，調査者ら3名の合議による。

においてもこのような観点を重視していると考えられる。

## 4-2　PAC分析インタビューの結果

本節ではPAC分析インタビューのデータに基づき，Aのビリーフを考察する。

まず，図7-1からもわかるように，Aは筆者らの提示した刺激に対して50の項目を連想語として書き出している。クラスター分析の結果を受けて，これらの項目を3つのCLに分けて捉えることを調査者らが提案したところ，Aもこれに同意したので，CLを3つとしてインタビューを実施した。Aは，重要度順で1位だった「専門家」，同2位の「日本語の知識」等を含む13項目からなるCL1を「日本語教師に求められるもの」と名付けている（調査者らはデータを総合的に解釈した結果として「日本語教師として必要な知識，技能，対人関係」と名付けた）。また，「教育技術」や「学習者の知的興味を引き出せる授業」を含む23項目からなるCL2をAは「生き生きとした授業」と名付けた（調査者らは「生き生きとした授業のための技術，経験と学習者への配慮」と名付けた）。そして「カウンセラー」や「他の教師との協調性」等を含む14項目からなるCL3を「日本語教師に求められる性格」と名付けた（調査者らの名付けも同じである）。

こうした項目を連想したAは，インタビューの後半部で「いい日本語教師」について自分の考えをまとめる形で次のように語っている。

A：日本語教師は専門職である，ことを知っていて，そのための，専門職であると思っていて。（中略）　たとえボランティアでもです。お金もらうとかもらわないとかっていうこととは全く関係なく，日本語をおし，きょ，教師っていうのは，日本語教育の専門家であって，だからそれなりの，えーと，知識を持っていなければいけない。その知識は具体的には日本語の文法のことであったり，音声のことであったり，語彙のことであったり，そういう意味での知識。社会言語学的なこと，とかそういうことも全部，そういう知識もあるし，それから，学習者の母語とか，対照言語学的なこととかってことの知識も必要でしょうし，それから，えーと，あの，学習者の，うーん文化，に対する知識，あるいは世界情勢とか歴史とか，今流行っていることとか，いろんな意味での様々な広い知識，幅広い知識を持っていなければいけない。それからもう一つは，えーと，教え

表7-1　視聴した授業に関するAのプロトコルと感想レポートのコメントの例

| コメントの主たる内容 | | プロトコルの例 | 感想レポートの例 |
|---|---|---|---|
| 授業の目的を意識 | | ちょっと全体としてこの授業の目的がよくわからないんですよね。助詞を教えたい課なんですか，これ。（中略）この課では，この「わ」「かしら」「かな」「ちゃ」「とく」を教える課なんですね。 | この授業を見て一番感じたことは，授業の目的（何を教えようとしているのか）がわからなかったことです。 |
| 目的に合った活動か | 時間配分 | ある程度こうやって言葉で説明することも役に立つとは思うけれども，私ももちろんこういうこと言うことありますけどね。だけど，そんなに時間をとってやるほどのことでもないんじゃないかな。 | この授業では学生が口頭練習をする時間があまりありませんでした。 |
| | 口頭練習の必要性 | まずは口頭でやるってことが大事なんじゃないかな。とくにこういう，あの，会話体って言うのかしら，逐訳系のようなものを教えるときは，もちろん文字であとで確認することは必要かもしれないけれど，一番最初に作業としてまず書くっていうことは，たぶんあまりいいやり方ではないんじゃないのかな。 | 会話は耳で聞かせ実際に発話させなければ練習にならないし，とりわけ“そう，わあ，えーと，うーん，よ，わね”のような今回の授業で取り上げられていた項目は音声化されてこそ意味をもつものでありイントネーションや卓立が大切なものですから学生に口に出して言わせなければいけないのです。 |
| | 板書 | 全体的に先生も教科書に目を落としていること，それから板書してることが多いですね。できれば，授業の大部分はかい，学生との対話で成り立っているような，そういう授業をしたいですよね。 | 板書を含め，文字に頼る部分がほとんどであり，また教師の言葉による説明が多すぎて（後略）。 |
| 学習者にとってどうか | 発話量 | 学生の発言がとても少ないですよね。（中略）先生がいろいろ話すのではなくて，学生に発話させる，学生の口を開かせることがもっと大事じゃないかなと思うんだけど。 | 教師の発話量が圧倒的に多く，学生はほとんど口を開いていませんでした（後略）。 |
| | 理解度 | 言葉での説明がとても多いですよね。学生達は，この先生の説明がどの程度わかるでしょうね。 | いきなり録音された会話（ダイアローグ）を1回だけ聞かせ，内容の確認をしていましたが，学生達は本当に耳だけで会話の内容を聞き取れたのでしょうか。 |
| | 訂正フィード | 例えば，「パーティーしなかった」っていうのと「パーティーしていない」って | 学生が作った会話を学生に言わせ，それを教師が白板に書いて間違いを |

| | | | |
|---|---|---|---|
| | バック | いうのはどういう風に使い分けているのか，「～しなかった」と「～していない」っていうのはね。そこの部分がちゃんとわからないと，今ここで赤ペンで直したところで，それは学生の理解を，たぶん理解にならないし，それから習得もされないんじゃないでしょうかね。 | 直すという作業もありましたが，これはあまり意味がない。学生はなぜ，自分の言い方では正しくないのかを理解しなかったと思います。 |

表 7-2　A の質問紙の回答のうち，プロトコル・感想レポートと重なる項目

| 項目の内容 | | | 回答 |
|---|---|---|---|
| 授業の目的 | 活動の目的・意図 | 個々の活動は明確な目的・意図をもって行うほうがいい。 | 4 |
| | 活動目的を達成したか把握しながら授業 | 教師は活動の目的が達成されているかを把握しながら授業を進めるほうがいい。 | 5 |
| | 活動の目的・意図を学習者にわからせる | 個々の活動の目的・意図は，学習者にもわかるように行うほうがいい。 | 4 |
| 使えるようになる練習 | 使えるようになる練習 | 語彙，表現，文型を説明したあとには，それが実際に使えるようになる練習をするほうがいい。 | 5 |
| | 自由に答える機会 | 学習者が自由に判断して答える機会を与えるほうがいい。 | 5 |
| | 文型の使用場面提示 | 文型の導入の際は形だけでなく意味の違いや使用する場面も学習者が理解できるように提示するほうがいい。 | 4 |
| 学習者の発話機会 | 個別発話の機会 | 学習者に個別に発話させる機会を作るほうがいい。 | 4 |
| | 学習者の発話機会 | 学習者の発話機会を多くし，教師の発話は最小限に留めるほうがいい。 | 4 |
| | 文字情報に頼らない | 教科書やプリント，板書による文字情報に頼らずに教えるほうがいい。 | 4 |
| 学習者の理解確認 | 学習者の理解確認 | 教師は学習者が理解しているか確認しながら授業を進めるほうがいい。 | 5 |
| 間違いの訂正 | 間違いを板書で確認 | 間違いは，板書をして確認するほうがいい。 | 2 |
| | 文字情報に頼らない | 教科書やプリント，板書による文字情報に頼らずに教えるほうがいい。 | 4 |

＊回答は，5が「賛成」，1が「反対」の5件法による。

る時に，やはりある技術というのがあるので，それを，身につけていなければいけない。で，えーと，それはね，細かく言えば，もちろん，あの，フラッシュカードの出し方とかね（笑），それから，副教材の作り方とか，テストを作るとか，宿題を，どういう宿題を課すとか，そういうようなこともあるんですけど，まあそこをあんまり細かく言ってもしょうがないっていうか，あまりに，幅広いので，そこは要するに技術って言いたいんですけど，教育技術を持っている必要がある。ただし，それは，教師が，学習者に一方に，教える，というものではない。……だから，えーと，学習者が，自分で，伸びていく力を……培ってあげる，動機付けを，が，できる，人。それがいい日本語教師なんではないかと思います。……（中略）

Ａ：私の教師像，良い教師像ってやはり，えーと知識をいっぱい持ってて，それを一方的に，伝授する人ではなくて，学習者が自分で学んでいく時の……やっぱり，その時の，ばい，媒体になるみたいな。うん。なんか，化学の実験で言えば，何かこう，媒体を入れることによって，ある化学反応が起こるじゃありませんか。その，媒体になるようなもの。それが，教師，良い教師なんじゃないかな，良いっていうか，教師なんじゃないかなと，思います。……あ，今自分で言って，良い言葉だと思う，化学反応っていうですね（笑），教師と学生との間に，学生同士の間に，学生と日本社会との間に，周り，日本に，海外の周りとの間に，色んなところで，人間関係でもあるかもしれないし，教材との関係，ある何か反応が起こると，学習ってすごく進むと思うんですね。で，その反応を，どうやって起こさせてあげるかによるのか，ということを，考えるとしたら，そのくらいかなっていう気がします。

この語りからわかるように，Ａは，「いい日本語教師」は，日本語教育の専門家としての知識や教育技術を持っており，学習者自身が自分で学び，自分で伸びていく時に学習者を動機付けたり学ぶ上での媒体となったりすることで「化学反応」を起こす役割を果たす存在だと考えている。その「化学反応」は，教師と学習者との間，学習者同士の間，学習者と日本社会との間で，そして人間関係や教材との関係などの様々なところで起こるものだと捉えている。

次に，連想語とインタビューデータ全体から，繰り返し現れる等の理由から調査者らが特徴的だと考えた要素を取り出したところ，表7-3に挙げたような要素が抽出された[13)]。なお，要素の名称は，内容を考えて調査者らが命名したが，その際にできるだけＡ自身が用いた語句を用いるようにした。

13　同じ語りのデータの中に，複数の要素があると判断された場合には，重複してもそれぞれのカテゴリーに分類した。

表 7-3　A が「いい日本語教師」から連想したこと（語りの例）

| 項目 | | 語りの例 |
|---|---|---|
| 寛容さ・柔軟性・開かれた心 | 異なる教授法・教育観 | 30 年近い，間に，色んなところで仕事をしてきたんですけれども，それぞれの教育機関が，やっぱり違うんですよね。で，その中だけにいると，そこでやってることとか，そこで考えてること，そこでの教え方，そこでの日本語のイメージというのが，全てのように，ついつい思い込んでしまいますでしょ？　でもやっぱり，そうではないので，なるべく風通しをよくするためには，まあ，他のところで教えてる先生達と，せめて交流がある，知ってる，お互いに情報交換ができるくらいの交流がある，っていうこと。 |
| | 異文化・異世代・学習者 | 寛容性。それは異文化に対する寛容性であったり，異世代に対する寛容性であったり。あるいは，えっと，学習スタイルとか，学生の生活そのものに対する寛容性，受け入れるってことですね。私が言いたいのは多分，寛容性って言葉で言いたいのは，相手を受け入れる，色々な意味で。 |
| | 学習者 | クラスの中での人間関係が大切とか，いわば一つの仲良しクラスな感じのイメージだと思うんですけど，一方で（中略），すごーく，孤立している学生がいても構わないし，クラスの中には，別に皆と仲良くするために来たわけじゃない，日本語を勉強できればいいのである，「宿題，先生たくさん出してください，僕は一人でやって，他の誰とも関わらないけれど」，って言う学生もいるかもしれない。それはそれで，ま，しょうがないかなっていうか，そういう学習スタイルもあるだろうし。 |
| 人格的交わり | 同僚（との協調） | 一緒に働いている他の教師との協調性というものが，とても必要だろう。これはどんな職場だって必要だけれども，あの，やっぱり，教育の場で，相手は，人間だ，あの，おし，対象が人間で，創り出すプロダクトが人間ですからね，よりやっぱり，教師の側，創っている人達の側の，協調性みたいなものっていうのが必要でしょうし，もっと日常的なことを言えば，ティームティーチングをしてるんですから，お互いに。 |
| | 他機関に関わる人々・異世代の教師（後進育成） | 連携とかネットワークを持っているって，やっぱり他者と関わる力っていうんでしょうかね。あの，それからその，後進の教師の育成みたいなことも関わるんですけど，自分１人でね，私は素晴らしいことをやってるからそれでいいんじゃなくて，やっぱり他の人と関わっていくっていうことが，とりわけこういう仕事には，必要とされるんじゃないかなって，だからこのクラスターの中には入ってませんけど，そういう意味でも寛容性とか，異文化への理解とか，あの異世代，他の世代との，への，関心とか，そういうものも，日本語の教師には，日本語の教師だけじゃないかもし |

| | | |
|---|---|---|
| | | れませんけれども，教育に携わる者には必要なんじゃないかなっていつも思っています。 |
| | 学習者（学習者同士も） | 教育の場っていうのは，に，出てくる言葉に私は「人格」って言葉がどうしても出てくるんですね。で，それはやっぱり，会社とは違うっていう思いがすごくあります。会社でももちろん，人と人との人格的な交わりってあると思うんだけど，教育の場ではそれがとても大事。で，また大学っていうこの，18歳～あの，20，20歳前後の人達と教師が交わるという大学という場では，人格的な，それは教師と学生だけではなくて，学生同士でもいいんですけど，まああるいは教師と教師の間でもいいんだけれども，人格的な交わりって，すごく抽象的な言い方ですけど，それがすごく必要だと思いますし，それがある教育機関でありたい，あってほしい。 |
| 専門家として求められる知識等 | 知識 | （日本語教師は日本語教育の専門家である）からそれなりの知識を持っていなければいけない。その知識は具体的には日本語の文法のことであったり，音声のことであったり，語彙のことであったり，そういう意味での知識。社会言語学的なこと，とかそういうことも全部，そういう知識もあるし，それから学習者の母語とか対照言語学的なこととかってことの知識も必要でしょうし，それから，えーと，あの，学習者の，うーん文化，に対する知識，あるいは世界情勢とか歴史とか，今流行っていることとか，色んな意味での様々な広い知識，幅広い知識を持っていければいけない。 |
| | 規範 | 教師ですから，やはり，規範的な，あの，ものを身に付けているっていうことが必要だと思うので，それが「きれいな」とか「標準的な」日本語が話せる。 |
| | 教育技術 | 教える時にやはりある技術というのがあるので，それを身に付けていなければいけない。で，えーと，それはね，細かく言えば，もちろん，あの，フラッシュカードの出し方とかね（笑）それから，副教材の作り方とか，テストを作るとか，宿題を，どういう宿題を課すとか，そういうようなこともあるんですけど，（中略）そこは要するに技術って言いたいんですけど，教育技術を持っている必要がある。 |
| 学習者主体 | 動機付け | 勉強は学生がするものであって教師ができることはそこへの動機付けに過ぎないっていう側面と，もう１つはその，教師に，日本語教師，教室の中での日本語教師にできることの限界っていうのがすごくあるから，もっと外の人に，お任せする。（中略）学生が教室以外の外で関わる社会との関わりを大切にしてあげる。で，それを積極的に応援してあげるような態度も必要かなと思います。 |

| | | |
|---|---|---|
| | | そして，その，知的な，関心を引き出す時に，教師が一方的に何かを教えるわけではなくて，学習者同士で，刺激し合ったり，お互いで気付き合ったり，あるいは教師が教えてもらったり，というようなことがたくさんあるような授業というのが，とても生き生きとした授業なんじゃないかなってイメージがあるんですね。<br>はい。そして，ちょっとここに言葉として出てきていないんですけど，えっと，教師と学習者との間の，意味あるコミュニケーション，というのが，授業の中心にあるだろう。 |
| 努力・向上心・知識欲 | | 知識欲っていうか，自分自身がね，学習者でもある，じゃなくて，自分自身の，あの，学ぼうと，する，学びたいという，気持ち。<br>学習意欲。向上心。<br>30 代の頃（中略）メンターになるような先生っていうのが何人かいらして（中略）将来 10 年後の私があの方のようであったら良いなって思い，で，一生懸命真似してきたり教えていただいたりしてきたこともあったんですね。 |
| 学習者への配慮 | 学習目的への配慮 | 何でこの学生は日本語を勉強するんだろうかっていうようなこと？　で，その人にとって，日本語を勉強するっていうことが，その人の将来を含めてどんな意味を持っているんだろうかっていうようなことにも，あの，配慮していくっていう姿勢が必要だと思うんですね。 |
| | 人間関係への配慮 | 教師の役割っていうのは，いかに学習，学生の，学習意欲を引き出すか，やる気にさせるか，というのが，すごく極端な言い方ですよ。ですけれど，やはりそれが一番の教師の役割なんじゃないか。（中略）そういうことを考える時に，人間関係っていうのが非常に大切だと思っています。で，それは教師と学生との人間関係もさることながら，学生同士の，同じ 1 つのクラスの中にいる学生同士の人間関係，が，まあ，あの，グループダイナミクスみたいな，そういうものも，とても大切なので，そういうことに常に配慮しているってことが必要だと思います。 |
| | 学習環境への配慮 | 学生が，特にこういう大学などの教育機関で勉強している学生のことを考えると，学生達が少しでも学びやすく，また学んだことを身に付けるために色んな不備なことがたくさんあると思うので，そういうことは（中略）少しでもしかるべきところに働きかけたりして学生のためにあるいは教師のために教育環境を整えるっていうことへの配慮も必要かな |
| | 適度な情報量 | 配布物，ハンドアウトのようなものも，ただただ与えれば，あの，気が済む，先生の方では気が済んでしまうようなところがあるけれども，そうではないんじゃないかなって，学習者が消化していけるだけの，情報量，のほうがいいんじゃないか |

そして，要素間の関係を分析した結果，図7-2のような関係があることがわかった。

まず，Ａは，学習者が自分で学ばなければ学習者の日本語は上手にならず，学習意欲を引き出すことが教師の一番の役割であり（学習者主体：動機付け），そういうことを考える時に人間関係が非常に大事だ（学習者への配慮：人間関係への配慮）としているが，そのような意識は以下の語りに現れている。

Ａ：教師がね，できることって，ものすごく限界があるというか，極端に言えば，教師は学生に何かを教えられるわけではない。つまり，先生が，先生が何か，教えたから学生が日本語が上手になるわけじゃなくて，学生が自分で勉強するから，何らかの形で，あの，日本語が上達するんだと思うんですね。だから，教師の役割っていうのは，いかに学習，学生の，学習意欲を引き出すか，やる気にさせるか，というのが，すごく極端な言い方ですよ。ですけれど，やはりそれが一番の教師の役割なんじゃないか。この先生，のクラスに来るのがとにかく面白いとかね，行ってみたいとか，先生と話してみたいとか，そういうような，ことを，私自身が実現できてるかどうかってこととはまったく別なことですけれども，私の理想としてはそういうものが常にありますね。それから，えーと，そういうことを考える時に，人間関係っていうのが非常に大切だと思っています。で，それは教師と学生との人間関係もさることながら，学生同士の，同じ一つのクラスの中にいる学生同士の人間関係，が，まあ，あの，グループダイナミクスみたいな，そういうものも，とても大切なので，そういうことに常に配慮しているってことが必要だと思います。（中略）教師が教えられ，一人で何かを教えているわけではないってこととの関連なんですけども，人格としては，学習者も教師も対等である，たとえ相手が子どもであっても，人格としては対等なんだっていうことを，常々，あの，肝に銘じているようなことってとっても大事だと思っています。

また，Ａは，学習者主体あるいは学習者の自発性といったものを保障するために，教師の側に柔軟性や寛容性が必要であると考えており，そうした寛容さ・柔軟性・開かれた心を持つために，教師には，外国語の学習経験や外国での生活体験がないよりはあるほうがいい，幅広い知識も必要であるということを述べている。

Ａ：よく，この世界で学習者中心の，あのー，教育なんていう言い方がありますよね，

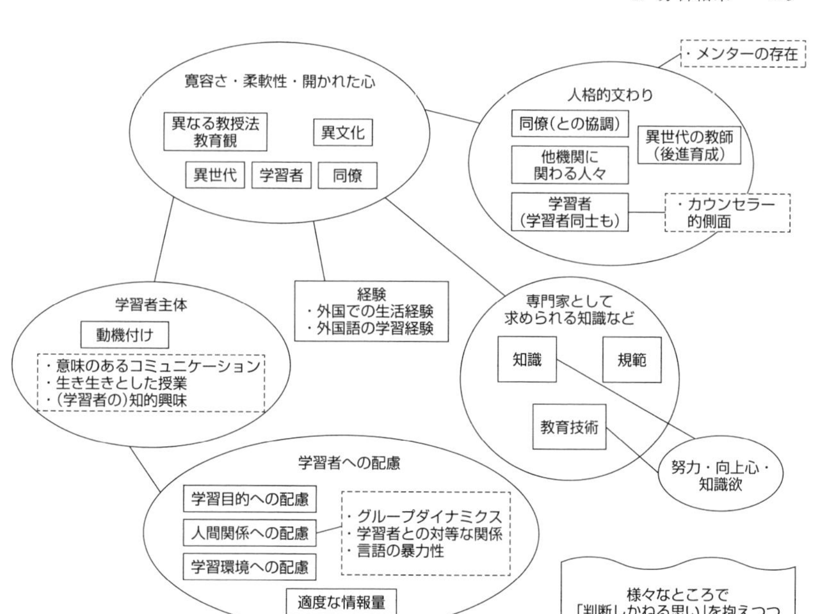


図 7-2　A が「いい日本語教師」から連想した要素
＊図中の直線は項目間に関係があることを示す

がくしゅ，学習者の自発性。それから，うーん，学習者のニーズ，ちょっと古い言葉だけど。そして，そういうものを保障する授業っていうのは，うーん，柔軟性？　教師の側の柔軟性とか，寛容さとか，そういうものが多分必要でしょうね。（中略）寛容性。それは，異文化に対する寛容性であったり，異世代に対する寛容性であったり。あるいは，えっと，学習スタイルとか，学生の生活そのものに対する寛容性，受け入れるってことですね。私が言いたいのは多分，寛容性って言葉で言いたいのは，相手を受け入れる，色々な意味で。（中略）そういうことができるためには，多分，外国語の学習経験とか外国での生活体験とか，そういうものが，ない人よりは，ある人のほうが，世の中には色んな人がいるんだとか，色んな文化があるんだとか，色んな価値観があるんだとか，ある国ではこれは良いことだとされてるんだけど，別の世界では，逆に，あの，悪いこととされてるんだというようなことを経験的に知ることによって，より，あの，寛容になれるんじゃないかなという思いがありますね。それからまあ，幅広い知識なんていうのもそういうこと，つまり，なるべくこう，他者に対して寛容であるためには，色んな幅広い知識も必要であるとか。

そして，Ａは，この寛容性は他者と関わる力（人格的交わり）ともつながっていると考えている。

> Ａ：連携とかネットワークを持っているって，やっぱり他者と関わる力っていうんでしょうかね。あの，それからその，後進の教師の育成みたいなことも関わるんですけど，自分１人でね，私は素晴らしいことをやってるからそれでいいんじゃなくて，やっぱり他の人と関わっていくっていうことが，とりわけこういう仕事には，必要とされるんじゃないかなって，だからこのクラスターの中には入ってませんけど，そういう意味でも寛容性とか，異文化への理解とか，あの異世代，他の世代との，への，関心とか，そういうものも，日本語の教師には，日本語の教師だけじゃないかもしれませんけれども，教育に携わる者には必要なんじゃないかなっていつも思っています。

一方，Ａの語りからは，Ａが様々なところで「判断しかねる思い」を抱えていることもわかった。例えば教師と学習者との人間関係について，次のように述べている。

> Ａ：ここで一生懸命言いたかったのは，私，あの，例えばクラスの中での人間関係が大切とか，いわば１つの仲良しクラスな感じのイメージだと思うんですけど，一方で，必ずしもそればかりじゃないとも思っているんです。すごーく，孤立している学生がいても構わないし，クラスの中には，別に皆と仲良くするために来たわけじゃない，日本語を勉強できればいいのである，「宿題，先生たくさん出してください，僕は１人でやって，他の誰とも関わらないけれど」，って言う学生もいるかもしれない。それはそれで，ま，しょうがないかなっていうか，そういう学習スタイルもあるだろうし，そういう，私が今まで教えてきたクラスの中には，そういう学生が非常に多いクラスっていうのもあったし。（中略）日本語教育っていうか，教育，っていうことはね，この頃よく考えるんですね。考えれば考えるほど，何か色んなことがあって，すごく矛盾してしまうんです，自分の中でもね。だから，言っていることとしていること，い，言う，言ってることと言動が一致しないこと，たくさん自分でもあるなと思ってますし。結局教育そのものが，非常に複雑なものだから，なんだろうと思う。

このように語る中で，Ａは自分が出会った学習者や教師達のこと，そして若い頃の在外体験を想起したり，若い頃に出会ったメンターのような先生の存在が自分の原点にあるのではないかといったことを述べたりしている。

A：(その方)と一緒になんて言ったら失礼。その方が先生でらしたんですね。私達はあくまでも，教わる側だけど。でも，でもね，さっきその2番目のグループのところで，学習者同士の学び合いとか，いうようなことが出てきましたでしょ？　もしかしたら私の原体験の中に，その先生との勉強会の中で，あちらは大学の教授でいらした，私達は小さな日本語学校の，うーん，まあ，主婦の，何ていうかしら，暇つぶしとは言わないけど，何て言うんでしょうね，あくまでも自分のアイデンティティというのは，お母さんであったり妻であったりっていうようなものを強く持っている人達が，でも，時間の余裕が少しできてきたので，日本語を教えるっていう仕事をしてみようと思った，そんな人達が多かった，そういう勉強会なんですよね。でも，その中で決して先生は，私が教える者，あなた達は教わる者っていう態度をお取りにならなかったんですね。常に，何か本当に素朴な，あの，ネイティブスピーカーですから，本に書いてあることとは違う事実に気づいてしまったりすることもあるわけですよね。で，「先生，本には教科書にはこういう風に書いてありますけれども，でも，私達このように言いませんか？　私達はこんな風に言ってるんじゃないでしょうか？」って言うと，「あ，そうですね。もう一度よく考えてみましょう。もしかしたら文法説明が間違っているかもしれない，なんていう風な態度をお取りになる先生。で，やっぱり私はその先生から受けた影響っていうのがとても大きくて，それは日本語を教えるっていう場面ではないんですけれどもね，教師と，その，お，教える者と教わる者との関係っていうのは，やっぱりこうありたいなって，思ったんです。だから，人格は対等だっていうのは，知識の，専門分野に関する知識の量なんかは圧倒的に違うんだけれども，あるいは，専門用語を使って説明できるかどうかっていうようなことで言えば，もう全く，あの違うんだけれども，だけど，あることを一生懸命考えていったり，表現していったりする時の，人としてのあり方っていうのは対等なんだって，その方から身をもって教えられたんですよね。で，それがもしかしたら30代のはじめでしたから，原点にあるかもしれませんね。

このようにAは，「学習者にとってどうか」という観点から教授活動等を考え，また，「学習者と教師は対等な立場であるべきだ」という意識を強く持っているが，実際にその観点から判断する際には，様々な側面から検討するとともに自らと異なる考えも寛容に受けとめようと努力していること，また，判断しかねる思いを抱えて葛藤しつつ常に答えを模索している様子が見て取れた。そして，Aが出会った学習者や教師達との間で経験したこと，在外体験等を含めた様々な人生経験がAの意識に影響を与えていることもわかった。

## 4-3　Ａの教授活動に関する実践的思考とビリーフについての総合的解釈

本節では具体的な授業についてのＡの思考を，Ａのビリーフと重ね合わせて考察する。

図 7-3 は，プロトコル，感想レポート，質問紙，PAC 分析のデータからわかるＡの意識を図式化したものである。これを図 7-2 と比較してもわかるように，具体的な教授行動についてのＡのコメントには，Ａのビリーフの全てが現れているわけではない。しかし，PAC 分析で明らかになった「学習者主体」に関するビリーフのうち，特に「意味のあるコミュニケーション」や「生き生きとした授業」を重視する意識，「動機付け」や「学習者への配慮」と関わって出てきていた「教師と学習者，学習者同士の人間関係によるグループダイナミクス」に配慮することが大事だという意識が，授業を視聴した時にＡが思考したこととつながっていることがわかる。

例えばＡは PAC 分析インタビューで，「生き生きとした授業」と名付けた

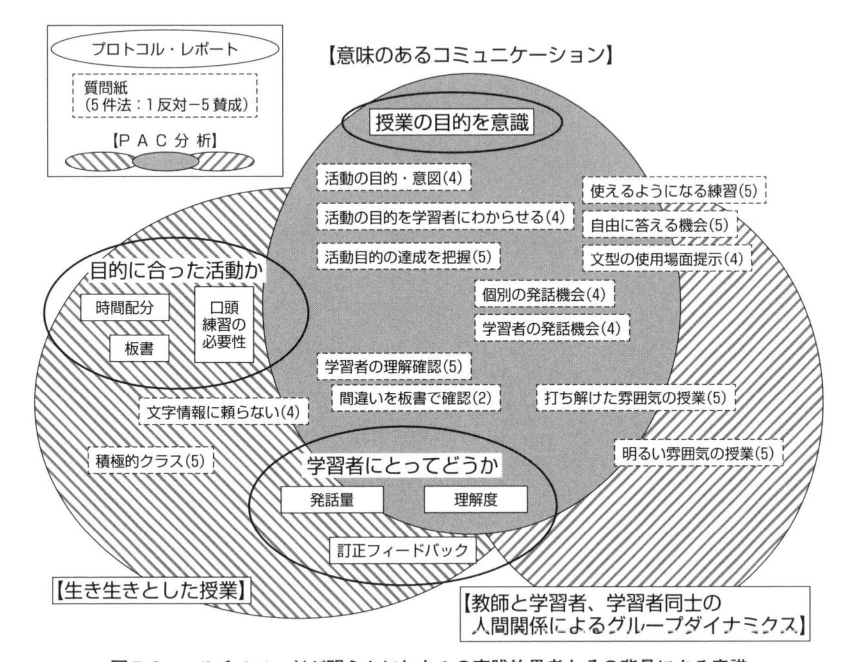

図 7-3　マルチメソッドが明らかにしたＡの実践的思考とその背景にある意識

CL2について以下のように語っている。

A：良い先生というのは，生き生きと，授業をなさる方だと思うんですね。で，生き生きと授業をする時に教科書は脇役だ。そして，ちょっとここに言葉として出てきていないんですけど，えっと，教師と学習者との間の，意味あるコミュニケーション，というのが，授業の中心にあるだろう。（中略）で，その意味のあるコミュニケーションを実際に行うために必要なことっていうのは，まず学習者が，自分，あ，自分の実生活に即した，学習者の実生活に即した話題を選ぶとか，彼らの関心を，あの，引くような，話題であったり教室活動であったり，すべきでしょう。そして，あの，その関心っていうのが，えー，やはり，知的な，特にこの，大学で教えている時にはそれをとても感じますけれども，やはり，相手は，日本語のレベルこそ低いけれども，その他の，あの認知面，その他，あの，思考力，経験，知識，大人なわけですから，相手の知的な興味を引き出せる授業というのが，私は良い授業だと思っています。そして，その，知的な，関心を引き出す時に，教師が一方的に何かを教えるわけではなくて，学習者同士で，刺激し合ったり，お互いで気付き合ったり，あるいは教師が教えてもらったり，というようなことがたくさんあるような授業というのが，とても生き生きとした授業なんじゃないかなってイメージがあるんですね。（中略）だから教師の役割っていうのは，いかに学習，学生の，学習意欲を引き出すか，やる気にさせるか。（中略）そういうことを考える時に，人間関係っていうのが非常に大切だと思っています。で，それは教師と学生との人間関係もさることながら，学生同士の，同じ一つのクラスの中にいる学生同士の人間関係，が，まあ，あの，グループダイナミクスみたいな，そういうものも，とても大切なので，そういうことに常に配慮しているってことが必要だと思います。

この「生き生きとした授業を重視する意識」は，Aの感想レポートにも現れている。

板書を含め，文字に頼る部分がほとんどであり，また教師の言葉による説明が多すぎて――かつ，ややレベルが高い？――学生の発話や教師と学生の生き生きとした対話による授業の進行がなかった。（中略）　学生が教師の話に注意と関心を向け，教師は学生の発話の中から教授項目を引き出しながら授業を進めていくというやり方が理想的な授業ではないか。

また，プロトコルでも次のように述べ，授業の目的を考えた上で，意味のあるコミュニケーションである活動を展開するべきだと述べている。

> パーティーの計画をするその相談で，どんな言葉を使うか，何を言うか，どんな表現を使うか，ということを教えるのがこのダイアログの，授業の目的なんでしょうか。もしそうだとしたら，このダイアログを聞かせる前に，まずその自分達がもしパーティーをするとしたら，どんなことを決めなければいけないとか，そのとき何を言いたいかっていうようなことを学生が頭の中にイメ，イメージがわくような，そういうことがね。イメージがわくような，そういう活動が必要ですよね。

一方で，Ａは質問紙の項目のうち，クラスの雰囲気に関する３項目（「打ち解けた雰囲気の授業」「明るい雰囲気の授業」「積極的クラス」）に「５：賛成」と回答している。質問紙に対する回答からだけでは，Ａがなぜそのようなビリーフを持つのか理解することができないが，上述のＡのビリーフを考えれば，これは，生き生きとした授業，クラス内の人間関係によるグループダイナミクスを重視する意識と関係があり，それはさらに学習者を動機付け，学習者主体の授業をすることを重視するビリーフともつながっていることがわかるだろう。

このように具体的な授業場面についてＡが指摘したことがらと，Ａのビリーフとを照合させることで，授業についての具体的なコメントが，Ａが重視している学習者主体で意味のあるコミュニケーションがある生き生きとした授業と，教師と学習者あるいは学習者同士の人間関係によるグループダイナミクスという意識の基に出てきていることがわかった。さらに，そうした意識の背景にはＡ自身の学習者・教師との経験，在外体験等が関わっていることも明らかになった。

## 5. まとめと課題

本稿は，日本語教師が教授活動に関してどのように考え教授行動を決定しているのか，また，そうした思考は何を裏付けになされているのかということについて，ビリーフとの関係も踏まえつつ明らかにしようとする試みの一部である。具体的には，大学で教えている教歴 20 年以上の日本語教師Ａを対象に，ビデオによる授業視聴時に気付いたことの即興的なコメント，視聴直後の感想レポート，「いい日本語教師」に関する PAC 分析インタビュー，ビリーフ質問紙の回答を相互に参照することでのこの教師の実践的思考をビリーフとともに解明しようと試みたものである。

分析の結果，Aは「学習者にとってどうか」という観点から教授活動等を考えようという意識を強く持っているが，判断に際しては様々な側面から検討するとともに自らと異なる考えも寛容に受けとめようと努力していること，一方で，判断しかねる思いを抱えて葛藤しつつ常に答えを模索していることが明らかになった。また，学習者や教師達との間で経験したことや，在外体験等を含めた様々な人生経験がAの意識に影響を与えていることもわかった。さらに，Aが授業について指摘した具体的なコメントは，学習者主体で意味のあるコミュニケーションがある生き生きとした授業，教師と学習者あるいは学習者同士の人間関係によるグループダイナミクスを重視するというビリーフに関わっていることが明らかになった。

ビデオ視聴時に出された，授業の具体的な場面や文脈における行動についての即興的なコメントには，上記のAのビリーフ全てが現われていたわけではなかったが，コメントの背景にどのようなビリーフが存在するかを知った上で，教授場面について教師相互が話し合うことが重要である。例えば，Aが判断しかねる思いを抱えて葛藤しつつ，自分と異なる考えも寛容に受けとめようと努力していることは，プロトコルや感想レポートでは明示的に現れていない。Aがこのようなビリーフを持っていることを知らない者であれば，Aが確たる教授観に基づきコメントしていると受けとめてしまう可能性もあるだろう。しかし，Aのビリーフからは，Aが自らの判断を絶対的なものとはせずに，授業をした教師の教授観や判断を理解し，受けとめようとするのではないかと推測される。このように，教授行動についてのコメントの背景にあるビリーフを知ることは，教師相互が教授行動について語り合う際に，よりよく互いを理解し，学び合う場の構築につながるものだと言えるだろう。

本研究で用いたマルチメソッドのアプローチは，具体的な授業の場面や文脈におけるAの思考を分析可能としただけでなく，その背景にある意識についても考察することを可能にしたと言える。授業についてのコメントからだけでは，その背景にどのような意識があるのか，何がそこに影響を与えているのかはわからないが，このように複数の手法を併用することでコメントの背景，コメントとビリーフの重なりもしくはずれ等も論じることが可能になる。この手法には，調査の所要時間が長いために協力者に負担がかかり，また，分析にも時間がかかるという短所がある。しかし，こうした分析によって教師の思考についての考察を積み重ねていけば，それが相互のコメントの意味するところをよりよく理解するための判断材料を提供し，教師相互の学び合いの一助となることが期待できるだろう。

今後は，A以外の教師についても分析を進め，9名の教師の思考やビリーフの共通点と相違について考察を深めたいと考えている。

**引用文献**

Horwitz, E. K. (1985). Using student beliefs about language learning and teaching in the foreign language methods course. *Foreign Language Annals, 18*(4), 333-340.

生田孝至（1998）．授業を展開する力　浅田　匠他（編）成長する教師――教師学への誘い（pp. 42-54）　金子書房

内藤哲雄（2002）．PAC分析実施法入門［改訂版］：「個」を科学する新技法への招待　ナカニシヤ出版

日本語教育学会（2005）．新版　日本語教育事典　大修館書店

小澤伊久美・嶽肩志江・坪根由香里（2004）．日本語教育における教師の実践的思考に関する研究――ベテラン教師と新人教師の比較より――　平成16年度日本語教育学会春季大会，2004年5月23日（予稿集，pp. 167-172）　於東海大学

小澤伊久美・嶽肩志江・坪根由香里（2006）．日本語教育における教師の実践的思考に関する研究（2）――新人・ベテラン教師の授業観察時のプロトコルと観察後のレポートとの比較より――　ICU日本語教育研究，*2*，1-21.

小澤伊久美・嶽肩志江・坪根由香里（2012）．経験日本語教師が考える「いい日本語教師」の要素とその背景にあるもの――教師Aに対するPAC分析より――　平成24年度日本語教育学会秋季大会，2012年10月14日（予稿集，p. 247）　於北海学園大学

小澤伊久美・嶽肩志江・坪根由香里（2013）．経験教師Aは授業活動を見て何に着目し，どう語ったか――授業についての語りとその背景にある意識――　第22回小出記念日本語教育研究会，2013年6月8日（予稿集，pp. 38-39）　於国際基督教大学

小澤伊久美・坪根由香里・嶽肩志江（2011）．PAC分析法における統計処理の留意点――よりよい実施とデータ解釈のために――　WEB版　日本語教育実践研究フォーラム報告　2011年度日本語教育実践研究フォーラム〈http://www.nkg.or.jp/kenkyu/Forumhoukoku/kk-Forumhoukoku.htm〉（2014年2月8日アクセス）

佐藤　学・岩川直樹・秋田喜代美（1990）．教師の実践的思考様式に関する研究

(1)：熟練教師と初任教師のモニタリングの比較を中心に　東京大学教育学部紀要，*30*，177-198.

佐藤　学・秋田喜代美・岩川直樹・吉村敏之（1991）．教師の実践的思考様式に関する研究（2）：思考過程の質的検討を中心に　東京大学教育学部紀要，*31*，183-200.

澤本和子（2004）．授業の知の教育論　梶田正巳（編）授業の知――学校と大学の教育革新（pp. 217-236）　有斐閣

嶽肩志江・坪根由香里・小澤伊久美（2009）．教師の実践的思考を探る上でのビリーフ質問紙調査の可能性と課題――日本語教育における教師の実践的思考に関する研究（3）――　横浜国立大学留学生センター教育研究論集，*16*，37-56.

坪根由香里・小澤伊久美・嶽肩志江（2005）．日本語教育における教師の実践的思考に関する研究（1）――新人教師とベテラン教師の授業観察後のレポートの比較より――　*Language Research Bulletin*, *20*, 75-89.

吉崎静夫（1991）．教師の意思決定と授業研究　ぎょうせい

## 謝　辞

本研究は，科研費 19529005 の助成を受けたものである。

※本章は，小澤伊久美・嶽肩志江・坪根由香里（2013）．ある日本語授業についての経験日本語教師Aの語りとその背景にある意識――マルチメソッドによる分析――　ICU 日本語教育，*10*，3-24. を再録したものである。

# 第 8 章

# タイ人日本語教師Aのビリーフの形成と変容

## PAC 分析による縦断的調査から

坪根由香里・八田直美・小澤伊久美

## 1. はじめに：研究の背景

国際交流基金が 2015 年に行った調査によると，前回の 2012 年の調査で日本語学習者数上位国の韓国，インドネシア，中国では日本語学習者数が減少する中，タイにおいては，学習者数が 34.1% 増加して約 17 万人になり，教師数も 37.8% 増加の約 1,900 名となっている（国際交流基金，2017）。また，タイは，国際交流基金が世界各地の日本語教育の充実を目指して構築した「JF にほんごネットワーク（さくらネットワーク）」や，アジアの中等教育機関に日本人アシスタントを派遣する「日本語パートナーズ」を通して，日本政府が日本語教育の発展を支援する国の一つである。海外の日本語教育の多くは日本語を母語としない日本語教師（以下，NNT）を中心に，NNT と日本語を母語とする日本語教師（以下，NT）の協働により行われていると考えられるが，タイの大学における NT の割合は 37.6% と，日本語学習者の多いアジアの国々の中では非常に高くなっており（国際交流基金，2017），タイ人日本語教師と NT が協働する機会が多いと考えられる。よりよい協働のためには，タイ人教師のビリーフを理解することは重要であろう。一方，タイから日本に来る留学生数も増加している（日本学生支援機構，2016）。教師のビリーフは日頃の態度や言動，授業に現れ，そこから学習者は影響を受ける部分もある（杉本，2014）ことから，タイ人留学生の送り出し側の教師の意識を理解する意義は大きい。

筆者らは，NNT と NT の協働や教師研修に資する知見を提供することを目的として，大学で日本語を教える NNT のビリーフを探る一連の研究に取り組んできた。「ビリーフ」とは，一般的に「信念」と訳されることが多いが，本稿では言語学習に関するビリーフを対象としており，ビリーフを，教師が「言語学習の方法・効果などについて自覚的または無自覚的にもっている信念や確信」（日本語教育学会 2005，pp. 807-808）とする。これまで行ってきたビリーフ調査では，個人別態度構造（Personal Attitude Construct: PAC）分析（内藤，2002）を用いることで，質問紙調査からはつかみにくい，ビリーフが生成された背景まで引き出すことができるとの感触を得た。しかし，ビリーフは人生の長い時間の中で変化，発展する動的なものであり，様々な新しい状況において以前はなかった視点が形成されるという（Dufva, 2003）。つまり，一度の調査ではその時点でのビリーフを断面として切り取ったに過ぎず，動的なビリーフがいかにして出現，あるいは変容するのかを見るためには，縦断的に調査を行い，様々な経験がビリーフに与える影響を詳しく探る必要がある。そこで，筆者らはタイ人日本語教師４名を対象にした縦断的研究に取り組むこととした。本稿では，うち１名（教師Ａ）の調査結果について分析し，どのようなビリーフが継続して現れ，どのようなビリーフが，何がきっかけとなって形成されたり，変容したりするのかといった，ビリーフの出現の仕方について明らかにすることとする。

## 2. 先行研究と本研究の目的

NNT のビリーフに関する研究は近年散見されるようになっているが，タイ人教師を対象としたものはまだ多くは見られない。タイの中等教育機関で教えるタイ人日本語教師を対象としたものには，古別府（2008），福永（2015）がある。古別府（2008）は PAC 分析を用いて調査し，いい日本語教師は，学習者への配慮と専門知識が必要であり，日本語教師としての喜びと学習者への深い思い，自身の日本語学習への強い意欲があるとしている。福永（2015）は，質問紙調査の結果から，タイ人教師の多くは，正確な日本語の発音，文法や語彙学習の重要性を認識していること，反復練習，翻訳を重視していること，流暢さより正確さに重点を置いていること，言語構造についての知識が必要だと認識していること，同僚や仲間による授業見学は重要であること，生徒のモデルとなるべきと考えていること，よい授業のためには，生徒との良好な関係が重要だと考えていることなどを述べている。

一方，タイの大学で教えるタイ人教師を対象としたものには，PAC 分析を用いて新人教師（教歴 1 年以下），経験教師（同 15 年以上）のビリーフについて調べた坪根他（2010）があり，学習者のことを第一に考えようとする意識が共通して見られた一方で，新人教師は学習者との距離を近くしようと努め，親しい関係を作ることで学習者を理解し，教室活動に反映させようとしていること，わかりやすい授業，楽しく面白い授業を目指していること，経験教師は学習者を理解し，臨機応変に授業運営をする必要性は述べつつも，彼らのコメントを一方的にすべて受け入れる姿勢ではないこと，より広い視野から対応を考える傾向があることが述べられている。

以上の先行研究からは，タイ人教師には，中等教育か高等教育（大学）か，新人教師か経験教師かを問わず，「学習者への配慮」がビリーフとして存在していることがわかり，「学習者への配慮」は，タイではかなり早い段階で広く教師のビリーフ構造に組み込まれ，それが長く保持されると推察される。

ビリーフの変容については，Pajares（1992）がそれまでの研究成果を基に 12 項目をまとめる中で，ビリーフ構造の中に早く組み込まれたものほど変化しにくく，成人してからビリーフが変化することはまれだとしている。また，教えることに関するビリーフは，学習者が大学に入学するまでにかなり形成されているという。日本語教育においては，近年になって NT，NNT を対象としたビリーフの変容に関する研究も行われてきている。NT を対象としたものには，山田・丸山（1993），山田（2014）がある。山田・丸山（1993）は，アンケート調査，公開研究会における参加教師の内省，インタビューを基に，ビリーフの変容要因は日常性および多様性を持っており，その要因には，A．各学習者・レベル，学習者変化，教材開発といった「指導経験」，B．他の教師との交流，学習評価，授業観察，研修会といった「自己啓発経験」，C．コーディネーター，職務・職能の変化，所属機関の変更といった「機関における職務上の経験」，D.「日本語教育を離れた個人的経験」などがあると述べている。また，日本語教育との最初の関わり方によって原初ビリーフが形成され，それは様々な要因で強化・修正されるものの，根本的な部分は変容しにくいとしている。山田（2014）は日本人教師2名を対象に，3年の間を空けてPAC分析を行い，Green（1971）のコアビリーフと周辺ビリーフの概念を用いて，ビリーフの変化について説明している。それによると，中心となるコアビリーフは変化しにくく，その周辺にあるビリーフは他のビリーフから影響を受けて変化しやすいという。変化しにくいものとしては，1）教師になりたての頃に強い衝撃を経て獲得されたビリーフ，2）同じ性質のビリーフが集まり強固なビリーフの塊を作っているものが挙げられ，変化しやすいものとしては，1）形成されて間もないビリーフ，2）同質の仲間がおらず単独で存在するビリーフが特徴として挙げられている。また，ビリーフの変化は，当事者が現状に問題がないと思っている状態では起こらず，変化を自発的に求めていることが重要である，つまり，変化に対応できる準備ができていて，そこに新たな情報を取り入れ，かつ，それが教師の中で成功体験として整合性が取れていく過程で，ビリーフは修正され，変化していく可能性があるという指摘もしている。

NNTを対象とした研究には，八田他（2012），杉本（2014），星（2016a, b）などがある。八田他（2012）は，大学で教えるタイ人新人教師2名を対象に，約6ヵ月間の教師研修の前後にPAC分析を行い，2名が研修で得たヒントを基に授業改善を行っていること，その成否を学生の反応などから判断し，効果を上げたと捉えていること，研修前に持っていた問題意識が研修で刺激され，発展した可能性があることを述べている。杉本（2014）は，韓国の高校において教師と学習者に対する質問紙調査を行うとともに，アクションリサーチ（AR）を行った韓国人高校日本語教師3名への質的研究から縦断的研究を行っている。それによると，質問紙調査では，教師のビリーフは「教育課程」の影響によるものが多く，コミュニカティブで活動的な授業を志向しているが，それは「こうあるべき」姿を答えている可能性もあり，授業実践においては文法や知識重視の授業を行っているという。そこには，教師自身が受けたことのないスタイルの授業を実践することの難しさがあり，授業の受け手である学習者や教授環境が要因としてあるとしている。また，ARが内省を促し，ビリーフにゆさぶりをかけ，変化を促すきっかけとなる場合がある一方で，授業がうまくいっている場合にはビリーフは変容しないということを明らかにしている。星（2016a）も同じく韓国の中等教育日本語教師を対象に「教育課程」の影響を調査している。2回の質問紙調査を因子分析した結果，「教育課程」によるビリーフの変化が見られるが，反復，暗記への志向は残り，「教科書依存型教師主導志向」ビリーフは変化なく存在していることがわかったという。また，1回目の調査（2001年）では，「コミュニケーション重視型授業志向」「学習者自律志向」「協働問題解決型学習志向」が因子として確認され，2回目の調査（2013年）で「知識伝授型教師指向」「知識重視志向」が新たに現れたのは，1回目当時は「第7次教育課程」公示，施行直前で，研修等で強調されることも多かったため，教師自身のビリーフとは異なる，社会的規範やイデオロギーを具現した「マスターナラティブ」（桜井，2002）が現れたためと考えられ，2回目では時間が経過してマスターナラティブの影響がなくなり，教師自身が持つビリーフに基づいて回答した可能性があるとし，教師中心，知識重視は韓国社会の中で，ビリーフに大きな影響力を持つものであるとしている。一方，星（2016b）は，韓国の中等教育日本語教師12名の教師の質的データを分析し，ビリーフと実践の変化の要因として，研修会や研究会に参加することによって得られる新しい知識がきっかけとなるもの，授業実践での生徒との相互作用が要因となるものの2つを挙げている。

以上の先行研究には，日本語教師としてのビリーフ構造の中に早く組み込まれた初期のビリーフは変容しにくいこと，同質のビリーフで固まっている場合は変容しにくいこと，うまくいっていて問題意識がない場合にはビリーフは変容しないこと，形成されて間もないビリーフや単独で存在するビリーフは変容しやすいこと，「マスターナラティブ」の影響も見られること，などが示されている。しかし，どれも2回の調査に限られており，たとえば，変容したものが果たしてそのまま保持されるのかなど，動的なビリーフの変容過程を明らかにするためには，さらに回数を増やした縦断的調査が必要であろう。そこで，本稿では，タイ人日本語教師のビリーフについて，縦断的調査の結果から，以下の課題について明らかにする。

(1)調査期間の間，保持され続けるコアビリーフと呼べるものは本当にあるのか。あるとしたら，どのようなものか。また，先行研究でタイ人日本語教師に共通して見られた「学習者への配慮」は本研究においても出現し，コアビリーフとなっているか。
(2)変容するビリーフはどのようなもので，どのように変容するのか。
(3)ビリーフの形成・変容の要因は何か。

## 3. 調査の概要

### 3-1　研究協力者

縦断的調査の対象となった４名は，いずれもタイの大学で常勤として日本語を教えているタイ人教師である。そのうち，２名は坪根他（2010）の調査協力者で，当時，教歴１年以下の新人教師だった。その頃からのビリーフの変容を調べるため，そして，中堅教師となった両名のその後のビリーフについて調査を行うために，再度調査協力を依頼した。残りの２名は，新たに新人教師を探し，教師になって間もない時期からの縦断的調査を行うこととした。４名は，タイの大学における日本語教育の歴史と多様性に配慮し，バンコクと地方の総合大学（いずれも日本語教育の歴史が長く，日本語専攻課程を持つ），比較的日本語教育の歴史が浅い，主専攻課程を持つ大学，日本語非専攻で実学中心の新設大学というように，様々な機関に所属する教師を選んだ。

今回の対象者である教師（教師Ａ，男性）は，調査期間が長い前者のうちの１名で，調査１（2009年５月）と調査２（2009年９月）の間に約半年間，週１回の教師研修に参加，調査２の１年後に大学院修士課程に入学，また，調査３の前に所属機関で立場が変化するなど，先行研究でビリーフの形成・変容の要因になると指摘された様々な経験を持っており，コアビリーフの有無やビリーフの変容を分析するのに適していると考え，今回，特に取り上げることとした。

### 3-2　調査・分析方法

調査１と調査２に，2013年から約半年毎に行った５回の調査を合わせた計７回のPAC分析による縦断的調査，および2016年２月に行ったフォローアッ

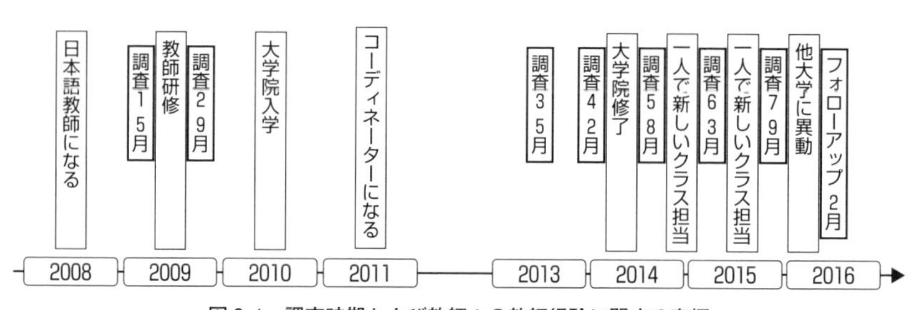


図 8-1　調査時期および教師 A の教師経験に関する事柄

プインタビュー（以下，F-up）を分析対象とする。また，調査 7 の時に行った授業見学[1]の様子も一部参考として提示する。調査時期および教師 A の教師経験に関する事柄について図 8-1 にまとめる。

自由連想を引き出す刺激文（日本語）は以下の通りである。刺激文は，単に授業中の教師の態度・行動等について尋ねるだけでなく，授業外の学習者への配慮や同僚との関わりなども含め，幅広く様々な側面を想起してもらうことを意図して作成した。連想語記入の際は，辞書の使用も可とした。

〈刺激文〉　あなたにとって「いいタイ人日本語教師」とはどんな教師ですか。その教師は教室内外でどんな振る舞いをすると思いますか。また，あなたは，その教師に対してどんな気持ちをもつでしょうか。それから，その教師は日本語教育についてどんなことを考えていると思いますか。

そういったことを含めてあなたが「いい日本語教師」という言葉を聞いて思い浮かべるキーワードやイメージを自由に書いてください。

キーワードやイメージは，できるだけ単語で，書いてください。ただし，それが難しい場合はもう少し長く（10 字前後ぐらいまで）なっても構いません。

出てきた連想語同士のイメージの近さを協力者（教師 A）に評定してもらい，その結果をクラスター分析（距離，ウォード法，HALBAU7 使用）して得られたデンドログラムを示して，インタビューを行った。図 8-2 はデンドログラムの例である[2]。インタビュー時には，調査 1 では通訳を付けたが，調査 2 以降

1　CD を聴いて内容を説明する活動とグループで調査した内容を発表する授業であった。
2　本来はすべてのデンドログラム，および非類似度行列を提示すべきだが，紙幅の都合により省略する。

```
【クラスター分析  --=--  基準：ウォード法】
[重要度 0                                   7.55
 番号] |----+----+----+----+----+----+----+----+----+----+ [連想語]                 距離
1) X1   |__________.                              授業デザイン                      2
5) X5   |__________|____________________________ CL1 学習者の気持ち・心を理解する   7.55
2) X2   |__________.                             | 好奇心                          2
6) X6   |__________|                             | 度量が広い                      2
9) X9   |__________|________.               CL2  | 教材が作れる                    3.81
11) X11 |___________________|_______________.    | 改善                            6.62
3) X3   |__________.                        |    | 指導の力                        2
4) X4   |__________|                        | CL3| 日本語の会話力                  2
8) X8   |__________|                        |    | IT 技術の力                     2
12) X12 |__________|_______________.        |    | 研究の力                        5.03
7) X7   |__________.               |        |    | 観察の力                        2
10) X10 |__________|_______________|________|____| 反省                            7.55

        +----+----+----+----+----+----+----+----+----+----+
```

図 8-2　デンドログラム（調査 7）

は本人と相談し，通訳なしで行った。インタビュー時間は 1 時間 20 分から 3 時間 10 分であった。

インタビューでは，デンドログラムを示してクラスター（CL）の分け方について協力者の了解を得た上で確定し，まず，各 CL について一つずつ全体的なイメージを聞いてから，各 CL 間の共通点と相違点について尋ねる。PAC 分析では，協力者の自由な想起を促すために，「他にはありますか」「その他にはどうですか」のような質問が多くされ，調査者は，細部を詳しく聞き出す質問や，個々の連想語についての具体的な質問は最後まで控えるのが基本である。本研究では，その基本にできるだけ従いつつも，ビリーフやそのきっかけにつながる語りが現れた際には，その場で質問をするなどして，その意識やきっかけが特定できるよう心掛けた。なお，PAC 分析の手順の詳細は内藤（2002）を参照されたい。PAC 分析のインタビューで語られた発話は，協力者の許可を得た上で録音し，すべて文字起こしをした。

ビリーフとそのビリーフが形成されたきっかけは，文字化資料に基づき分析し，連想語だけでなく，協力者の語りからも抽出して，ビリーフの項目ごとに分類した。安田・サトウ（2012）は，ある対象に「発生」したことは，個々の行動や行為が発生する段階（第 1 層），その状況に意味づけをし，何かしらの気付きを得る段階（第2層），そしてそれが信念・価値観（ビリーフ）となる段階（第3層）があるとして，「発生の三層モデル（Three Layers Model of Genesis: TLMG）」を提唱している。つまり，ある経験（第1層）によって何らかの気付きを得た（第2層）としても，ビリーフの形成（第3層）には至らない可能性もあり，また，過去の経験がある時期の別の経験によって想起され，気付きからビリーフへと結びつく場合もあるというのである。本研究の分析においても，教師Aの語りの内容を精査し，気付きレベルの語り（例：準備をしないで授業をして学生の質問に答えられなかった経験があり，注意しなければならないと考えるようになった）でなく，何らかの価値観について語っているもの（例：よく準備しないと，実際に授業をした時，うまくいかないので，タイ人日本語教師には必ずやってほしい）をビリーフとして捉え，連想語として挙げられた項目に限らず，語りの中で出現したビリーフと考えられるものすべてを抜き出すこととした。

## 4. 結果と考察

7回の調査について分析した結果，継続して出現するビリーフの存在が確認できた。しかし，継続しているように見えても，まったく変わらずに保持されるのでなく，単純に強化されるのでもない様子も見て取れた。また，一方で，一時的に出現するものもあり，その出現の仕方は様々であった。本節ではそのビリーフの保持・変容のパターンをいくつかに分類して詳しく見ていきたい[3]。以下，〈　〉はビリーフ項目を表す。

### 4-1　継続して現れたビリーフ

継続して現れたビリーフとして，7回の調査中，すべての回で現れたものと6回の調査で現れたものを取り上げる。表8-1は該当するビリーフとその要因だが，一部については4-2-1で示す。

7回の調査すべてで語られたのは，〈面白い教え方・教材（例（1）参照，以

3　紙幅の都合上，インタビュー資料は一部を示し，フィラー等は削除する。

下同様)〉〈学習者に対する指導・助言・問題解決（2)〉〈授業後の反省・改善（3)〉に関するビリーフであった。

(1) 調査６：口頭で説明するだけ，それは面白くないなと思って，けれども，面白い教材，使いながら教えて，学生が盛り上がるようになると思いますので，（中略） 動画を使うと学生の態度ですか，変わってる，すごく興味あって，勉強したがっている気持ちが……。

(2) 調査２：よく観察して，もしこの子が問題があれば，（中略） 適当にアドバイスする方法，考えて，アドバイスします。

(3) 調査１：考えた方法を実際に使ってみて，もし失敗だったら，新しい方法を考えます。なぜかというと，目標を達成させなかった時，新しい方法を考えて，目標を達成をさせるためです。

〈面白い教え方・教材〉は，教師が一方的に教えるのでなく，色々な活動，面白い教材を取り入れることで動機付けになるというもので，その要因となったものには，学生時代の説明だけの授業でつまらなかった経験や，教師になった当初の研修，先輩の授業見学，そして，授業の成功・失敗体験や新しい授業を１人で担当しデザインするといった体験があった。F-up で，教師Ａは，学生からの授業評価を，教師になってから７年目までについて見直し，評価点が徐々に高くなり好意的なコメントが得られるようになったことに関して，面白い教材の工夫が改善につながっていると思うと述べている。

〈学習者に対する指導・助言・問題解決〉は，学習者をよく観察して，問題（学習上の問題，個人的問題）を探り，それを解決することが必要であるとい

表 8-1　継続して現れたビリーフとその要因

| 出現回数 | ビリーフ | 内容 | 要因 |
|---|---|---|---|
| ７回 | 面白い教え方・教材 | • 教師が一方的に教えると，面白くないし，学習者はすぐ忘れる→動機付けの必要性<br>• 色々な活動，面白い教材を取り入れる（歌，ドラマ・アニメ，イラスト，動画など） | 学生時代の経験<br>学習者の興味・不満<br>研修<br>先輩の授業見学<br>成功・失敗体験<br>新しい授業を１人で担当，デザイン |

| | | | |
|---|---|---|---|
| 7回 | 学習者に対する指導・助言・問題解決 | • 学習者の問題（学習上の問題，個人的問題）を探し，問題解決をする<br>• 学習者をよく観察して，問題を探る | 学生時代の経験<br>学生アドバイザー<br>相談に来る学習者<br>欠席が続いた学習者<br>学習者のコメント・不満 |
| 7回 | 授業後の反省・改善 | • 失敗した時は目標達成のために新しい方法を考える<br>• 学習者がなぜできないのかを反省する<br>• 学習者からのネガティブな意見も受け入れる | 研修・セミナー<br>学習者の不満<br>職場の反省会<br>後輩を持つ<br>新しい授業を１人で担当，デザイン<br>大学全体の指針 |
| 6回 | 学習者の立場（学習者中心） | • 自分が学習者なら何がわからないか考える<br>• 学習者の意見も聞く<br>• 学習者の気持ち，辛さを理解する<br>• 授業は学習者主体で，学習者自身が考えたテーマに沿って，学習者が準備して行う<br>• 学習者に好奇心を持たせ，自ら学習するようにさせる | 学生時代の経験<br>大学院<br>学習者の気持ちを忘れている自分<br>大学全体の指針<br>新しい授業を１人で担当，デザイン |
| 6回 | 動機付け | • 学習者に習いたいという気持ちを持たせる<br>• できない学習者は励まし，できたらほめると動機付けになる<br>• 口頭で説明するだけの授業は面白くない<br>• 日本語は難しいというイメージを持たせない<br>• 学習者に好奇心を持たせ，自ら学習するようにさせる | タイ人にとって日本語は難しい言語<br>タイ人学習者の特性（受身）<br>成功体験 |
| 6回 | 高い日本語力 | • 教師が日本語ができなければ，学習者が信頼しない<br>• 言語教師は目標言語ができないと教えられない<br>• 日本語が流暢に話せて，意見が述べられる<br>• 会議がコントロールできるコミュニケーション能力が必要である | 留学経験の不足<br>学習者の質問に答えられない<br>教師より日本語力の高い学習者<br>会話の授業コーディネーター<br>会議の議長 |
| 6回 | 授業準備 | • 面白い授業のため／授業をスムーズに進めるため／目標を達成するために授業準備は重要だ<br>• 経験が長くなっても，授業準備は大切だ | 学生時代の英語の先生<br>失敗体験<br>新しい授業を１人で担当，デザイン |

うもので，学生アドバイザーの経験や問題を抱える学生への対応，学生からのコメント・不満などから影響を受けている。

また，〈授業後の反省・改善〉は，学習者がなぜできないのかを反省し，授業で失敗した時は目標達成のために新しい方法を考えることが必要であるという意識が語られている。F-upでは，１年目に学生からのコメント，不満を見てショックだったことで意識するようになったと述べ，その後も研修・セミナーでの学び，職場で行われている反省会や，「反省」が大学全体の指針の１つであることがこのビリーフに働きかける要因となっていた。教師Ａは反省・改善については同様の内容を継続して語っているが，調査７では，新しい授業を担当するようになったので学生の意見を聞きたい，クレームのような意見も受け入れて授業改善するほうがいいと強く述べており，新しい授業を１人で担当することの影響の強さがうかがえる。これら３つのビリーフからは，学習者に寄り添い，理解し，改善しようとする教師Ａの意識が強く感じられる。

６回の調査で語られたのは，〈学習者の立場（学習者中心）(4)(5)〉〈動機付け(5)〉〈高い日本語力(6)〉〈授業準備(7)〉〈日本文化教育〉〈効果的な教え方の方法・手段〉〈研究〉であった。このうち，〈学習者の立場（学習者中心）〉は，自分の学習者体験を思い出し，学習者の立場に立って考えて，学習者の意見も聞くという意識が継続して見られた。これは先行研究でタイ人教師に共通して見られた「学習者への配慮」に通じるもので，本研究でも継続して出現していた。その要因は，高校時代の教師や同僚教師を反面教師として見ている他，大学院での学び，教師経験が長くなるにつれて学生の気持ちを忘れていること，そして，ここでも学習者の立場を尊重するという大学全体の指針が背景として語られていた。調査７になると，ディスカッションの授業を１人で担当するようになり，学習者主体で学生自身が考えたテーマに沿って学生が準備して行うのがいい，好奇心を持たせ，学生が自分で学習するようになるといいという語りが現れている。これは〈動機付け〉にも関連している。

(4) 調査７：これまでの授業は，学生同士は日本語で意見を発言する機会はあまりなかったと思いますが，ですから，まず最初，ディスカッションの授業の形にして，毎回ディスカッションする都度に，学生がまず自分で決めて，そのテーマに使う言葉とか語彙リストを作って，そしてそのテーマで使う日本語の表現とか1人1人の学生に任せて考えて，学習主体の形なんですけれども，授業で学生もお互い同士，意見交換して。

(5) 調査7：私の生徒は，あんまり好奇心がないですね。でもこれもできるだけ学生に，なんか身につけたいなと思います。なぜかというと，もう，私今感じているのは，タイ人の学生，大学生でもほとんど受け身形で勉強している，と思っているからです。ただ先生が教えたことだけ受け入れて，あんまり図書館に行って調べたり，そのような勉強の仕方は，あまり感じないですね。

また，タイ人にとって日本語は難しい言語であることも動機付けへの意識につながっており，学びたいという気持ちを持たせることが必要だとしている。

〈高い日本語力〉への意識は，調査1では学習者からの信頼のために必要だとしていたが，調査3では日本人を親に持つ学生の存在，留学経験が短いことによる自信のなさから，高い日本語力の必要性を語り，その後，主任としてNTと接する機会が増え，会議をうまくコントロールできない経験からも日本語力について述べている。また，〈授業準備〉は，面白い授業のため，授業をスムーズに進めるため，目標を達成するために重要だと述べ，調査6では経験が長くなっても授業準備は必要だとしている。

(6) 調査5：今年になってからコーディネーターの役やっていますので，日本人の先生とコミュニケーションするチャンス，たくさんあるようになって，（中略） 会議では議長もやってますので，時々日本語でうまく伝えられないとか，だから，もっと日本語が上手に話せるようになりたいなと思って。

(7) 調査1：授業準備しないと，（中略） 授業がスムーズにいけなかったら，学生は教師を信頼しないし，（中略） 教師が目標を理解しないと，何のために教えるかわからないし，目標達成しないです。実際に授業をやれば，きっと失敗すると思います。

調査2のみ〈授業準備〉への言及がなかったが，F-upで尋ねると，授業準備は今でも一番大切だと思っているが，その時に〈授業準備〉への意識が低かったのは，同じ授業の繰り返しで少し余裕があったからではないかと述べている。

本項で述べたビリーフは，学生時代の経験，研修，学習者の興味や職場からの影響を受けて生じた後，大学院，職場内の授業見学や反省会，主任になるなどの立場の変化，学習者からのコメント，成功・失敗体験，担当授業，国や大学の方針等，様々な要因から刺激を受けることで６年間保持されて強固なビリーフとなっており，教師Ａのコアビリーフと言えるであろう。〈日本文化教育〉〈効果的な教え方の方法・手段〉〈研究〉については次項で述べる。

### 4-2　内容や出現状況に変化が見られたビリーフ

4-1のように，ほぼ同様の内容で継続して現れるビリーフの他に，内容や出現状況に変化が見られたビリーフもあった。それらを詳しく見てみると，３つのタイプがあることがわかった。それらは，やや異なる内容に変化しつつも長期に渡って繰り返し出現するビリーフ，出現後に一度消えて再び現れたビリーフ，そして１，２回現れた後は出現しなかったビリーフである。以下では，それらについて述べる。

#### 4-2-1　同じ観点だが内容に変化が見られたビリーフ

〈日本文化教育〉〈効果的な教え方の方法・手段〉〈研究〉〈教師と学習者の距離を近く〉は，長期に渡って繰り返し出現するが，段階的に刺激を受け，置かれている環境や立場によって，やや異なる内容のビリーフとして現れていた(表8-2)。

〈日本文化教育〉は，調査１の時点では，文化を教えたら授業が面白くなるというものだったのが，教えている学生が上級生になり，卒業後の進路である日系企業への就職を意識するようになった調査３からは大学院の研究テーマが関連していたこともあり，卒業後に日系企業で働くことを考慮して「卒業生は日系企業に勤めるので，日本人のやり方，仕事の仕方とか考え方がわからないと苦しくなる」として，これも文化の一つであると述べている。そして，調査７では読解担当になったことで，時代に合った文化教材を使用する必要性への言及につながっている。〈効果的な教え方の方法・手段〉は，教師になった当初の調査１の時点では，目の前の学習者の興味から「歌」の効果を，調査３では先輩の授業見学からストーリーで仮名を覚える方法について述べ，その後，IT技術の発展に伴い，IT（動画，パワーポイント）やウェブサイト，Facebookの効果的な利用に視点が移っている。しかし，どれも根底には学習

表 8-2　同じ観点だが内容に変化が見られたビリーフとその要因

| ビリーフ | 調査 | 内容 | 要因 |
| --- | --- | --- | --- |
| 日本文化教育 | 1 | 文化を教えたら授業が面白くなる | 卒業生がいなかった（伝統的文化を扱った） |
| | 3，4 | 卒業後，日系企業で働く際，知っていないと困る | 日系企業に就職させるという目標 |
| | 5，6 | | 実際に卒業生が出る<br>日系企業勤務の経験不足 |
| | 7 | 教科書は後れているので，生教材で現在の現象を扱う | 読解授業を一人で担当 |
| 効果的な教え方の方法・手段 | 1 | 歌を使うのは効果的だ | 学習者の興味 |
| | 3 | 仮名はストーリーで覚えるのがいい | 先輩の授業見学 |
| | 4，5，6 | IT（動画，パワーポイント）を使うといい | 同僚の授業見学，成功体験 |
| | 7 | Facebook やウェブサイトを利用するといい | IT 技術の発展 |
| 研究 | 2，3 | 授業で見つかった問題を解決するのに必要だ | タイ語にない文法，学習者の質問に答えられなかった経験 |
| | 4，5，6，7 | 大学教師は研究が必要だ | 大学院，業績評価（契約・昇進）<br>タイの日本語教育への貢献 |
| | 6，7 | 大学教師は研究活動，アカデミックサービス，文化を守ることも必要だ | タイ教育省の方針 |
| 教師と学習者の距離を近く | 1 | 学習者が質問しやすいように，教師と学習者の距離が近い方がいい | 学生時代の経験 |
| | 3 | 教師は権利を持って学習者を上から押し付けるべきではない | 教師より日本語力の高い学習者の存在 |
| | 6 | 学習者が教師を恐れる気持ちをなくす | 教室の中で特権を持っている教師という意識 |

者の関心を引くための意識が認められる。〈研究〉は，調査２，調査３の段階では授業で見つかった問題解決のためとし，あくまでも教育上の必要で述べられていたが，調査４以降は大学院で研究方法を学んだこと，業績評価の影響，タイの日本語教育に貢献したいという意識が述べられ，調査６，調査７ではタイ

教育省の方針についても言及して，大学教師は研究する力が必要だとしている。最後の〈教師と学習者の距離〉は，「大学生の時，自分と先生の距離がすごく大きいので，わからない時，聞く勇気があんまりないです。ですから，できるだけ学生に親しさを作ります。」と述べ，学生時代の経験から教師と学習者の距離を近くするというビリーフが生まれたが，徐々に教師の「優位性」への意識が明白になって，調査3の時点では教師より日本語力の高い学生との出会いにより，逆に教師は権利を持って学習者を上から押し付けるべきではないという意識が現れ，調査6では学習者が教師を恐れる気持ちをなくすことの重要性を述べている。

このように，置かれている環境や立場によって具体的な内容は異なっても，同じ観点についてのビリーフにまとめられるものも見られた。

### 4-2-2　一度消えて，再び現れたビリーフ

抽出されたビリーフの中には，ある時期に現れ，その後一時的に消えて，再び現れるものもある。その中の数例について以下に示す（表8-3）。

表8-3　一度消えて，再び現れたビリーフ

| ビリーフ項目 | 調査1 | 調査2 | 調査3 | 調査4 | 調査5 | 調査6 | 調査7 |
|---|---|---|---|---|---|---|---|
| 授業前の計画，授業デザイン | ○ | ○ | ○ | | | ○ | ○ |
| 目標の理解と達成 | ○ | ○ | ○ | | | | ○ |
| 教師が教えることは少なく | | ○ | | | | | ○ |
| 学習者が自分で気がつく教え方 | | ○ | | | ○ | | |
| 答えられない時の素直な態度，わからないと言う勇気 | | | ○ | | | ○ | |

〈授業前の計画，授業デザイン（8）〉〈目標の理解と達成（8）〉は，調査1～3で出現し，一旦消えてから，調査6，調査7で再び現れている。

(8) 調査7：初めて，私，新しい日本語の授業を担当するようになりましたが，（中略）　初めて自分で教えて，ですから，授業計画とか授業デザインを自分でしなければならないですので，（中略）目標，達成させるために，どうすればいいのか色々考えて。

また，〈教師が教えることは少なく〉も調査2の後は，調査7に出現している。

調査6，調査7の前に教師Aは初めて1人で新しい授業を担当しており，そのことが消えたかのように見えるこれらのビリーフを再刺激する大きな要因となっていた。

〈授業前の計画，授業デザイン〉〈目標の理解と達成〉への意識は，6回出現している〈授業準備〉の中に吸収されている可能性もあるが，教師AはF-upで，途中で言っていなかったのは，同じ授業が繰り返されていて，落ち着いて形になってきたから，普通にやっているからで，より大事なことが出てきて言っていなかったのかもしれないとし，ディスカッション授業（新しい授業）を担当するようになって，また頭の中に出てきたと述べている。

〈学習者が自分で気がつく教え方〉も，調査2と調査5で出現しているが，その内容は同じで，セミナーを受けて実際にやって効果があったというものだった。ただし，調査5では，他の先生の授業やセミナーで学んだものを使ってみて，学生の反応がよく，その後も続いているものは何か，という調査者からの質問に対する答えとして述べられており，教師A自らから出たものではなかった。

〈答えられない時の素直な態度，わからないと言う勇気 (9)〉も，調査3で授業中にわかるふりをした後輩教師に対する学生の反応や，日本人とタイ人を両親に持つ学生の存在によってビリーフとして現れ，その後消えてから，調査6で再び出現している。これは，同じくわかるふりをする教師の存在の他，日系企業に勤める卒業生がわかったふりをしてミスをするという日系企業からのクレームという新たな要因が影響していた。

(9) 調査6：ある先生は，学生に質問されて，（中略） わかるふりして，けれども，学生，生徒さんたちが知ってます。この先生は自分がわからないように隠す（中略） だから，学生がすごく怒ってて，（中略） 日系企業まで訪問して，生徒さんの，卒業生の上司からクレームもいただいたんですけれども，学生さんが，卒業生はわからない時はわかるふりして，だから，任せた仕事はミスが多い。

以上のことから，消えたように見えるビリーフも，必ずしも意識がなくなっているわけでなく，その状況が「普通」になることで表に出てこない場合があるということが言える。

### 4-2-3　１，２回出現した後，現れなくなったビリーフ

出現してすぐに消え，少なくとも本調査の期間中は再び現れることのなかったものもあった。その中から，調査の比較的前半の時期に現れたものの一部を表 8-4 に示す。

表 8-4　１，２回出現した後，現れなくなったビリーフ

| ビリーフ項目 | 調査１ | 調査２ | 調査３ | 調査４ | 調査５ | 調査６ | 調査７ |
|---|---|---|---|---|---|---|---|
| 先輩の授業見学 | | | ○ | | | | |
| 問題があったら先輩に相談 | | | ○ | | | | |
| 後輩からの信頼 | | | ○ | | | | |
| わからない時に自分で調べる | | | ○ | ○ | | | |
| 教師も学習者も学習態度に気をつけ，ルールを守る | | | ○ | ○ | | | |
| 教師は学習者のモデル | | | ○ | ○ | | | |
| わかりやすい日本語で説明 | ○ | | | | | | |
| 日本語を使えるようになるための話す練習 | ○ | | | | | | |

〈先輩の授業見学〉〈問題があったら先輩に相談〉〈後輩からの信頼〉は調査３のみ，〈わからない時に自分で調べる〉は調査３，調査４のみで現れている。これらは，教師Ａが調査３の前に組織内でコーディネーターになり，後輩も増えたことが影響していた。教師Ａは，自分が教師になった時に自分の先生を真似したが，学生がわからなさそうな，つまらなさそうな顔をしたために先輩の授業見学をした，色々な問題があった時も先輩に相談したと述べ，〈わからない時に自分で調べる〉というビリーフに関しても，先輩になって後輩が自分で調べないで質問に来るが，自分の時は自分で調べたと述べている。つまり，後輩が入ってきたことで，教師Ａは自分の１年目の状況を想起し，比較したり重ね合わせたりしている。実際，１，２年目は一番若く，先輩から色々なことを教わっていたが，自分が先輩になって，仕事の仕方をもっとしっかりしなければならないし，信頼性をできるだけ高めようとしていると述べており，組織内における立場の変化がビリーフに影響を与えていることがうかがえる。山田

(2014) では，コアビリーフの特徴として同じ性質を持つビリーフが集まり強固なビリーフの塊を作っていることが挙げられており，上記のビリーフはそれに該当しそうに見えるが，その後は現れなかったことを考えると，コアビリーフとはなっていないようである。

また，〈教師も学習者も学習態度に気をつけ，ルールを守る〉〈教師は学習者のモデル〉も調査3，調査4のみで現れているが，これらは授業に遅刻する教師や学生がいる状況に加え，初めて卒業生を出すことで，日系企業への就職に対する意識が強まったことによるものであった。

これらのビリーフは，教師Aにとっての大きな環境の変化（後輩ができる，コーディネーターになる，卒業生を出すなど）により，現れたビリーフであるが，その後は見られなかった。ただし，4-2-2で述べたように，その後の語りに現れていなくても，そのビリーフが消滅したとは言えない。上記の他にも，調査1で現れた後は一度も語られていないものとして，〈わかりやすい日本語で説明〉〈日本語を使えるようになるための話す練習〉があるが，このビリーフが変容したと思われる言及も見られなかった。前者については，中級では日本語に慣れるように日本語での説明を少し入れると述べ，後者は，大学生の時に文法ばかり習って話す機会がなかったことから来ていた。これらは，教師になったばかりの頃は強く意識していたものが，「普通」になることで表に出てこなくなり，その後，特に大きな変化がなかったために潜在化した可能性もある。

## 4-3　ビリーフに影響を与える要因

ここまでビリーフの出現状況について述べてきたが，教師Aのすべての調査から抽出したビリーフに影響を与えた要因を表8-5にまとめた。

教師Aは，教師になったばかりの調査1の頃は，教授法を習ったことがなかったために，「学生時代の経験」の他，目の前の学習者や職場の同僚からのみ影響を受けてビリーフが形成されている。「学生時代の経験」はその後も長く影響が続いており，職場環境からも継続的に影響を受けている。八田他(2012) や星 (2016b) では，研修がビリーフに影響を与える可能性が指摘されているが，本研究でも調査2から研修を受けた影響が見られる。また，調査2以降，教師としての経験の中から成功・失敗体験，学習者の反応やコメント，

**表 8-5　教師Aのビリーフに影響を与えた要因**

| 要因<br>調査・出来事 | 意識，職場外経験 | 授業 | 学習者 | 職場環境 | 教師としての学習 | 社会環境 |
|---|---|---|---|---|---|---|
| 2008年　日本語教師になる | | | | | | |
| 調査1<br>2009年5月 | • 学生時代の経験 | | • 学習者の興味 | • 職場：教師同士の情報交換 | | |
| 2009年6月〜9月　教師研修受講 | | | | | | |
| 調査2<br>2009年9月 | | • 成功・失敗体験 | • 学習者の反応<br>• 教師依存の強いタイ人学習者 | • 学生アドバイザー | • 研修 | |
| 2010年　大学院入学 | | | | | | |
| 2011年　職場でコーディネーターになる | | | | | | |
| 調査3<br>2013年5月 | • 学生時代の経験<br>• 留学経験の不足<br>• 学習者の気持ちを忘れている自分 | • 成功・失敗体験<br>• 同僚の授業見学 | • 学習者の興味<br>• 学習者の反応<br>• 教師依存の強いタイ人学習者<br>• 相談に来る学習者<br>• 教師より日本語力の高い学習者<br>• 学習者の他の教師への不満<br>• 日系企業に勤める卒業生 | • コーディネーター<br>• 会議の議長<br>• 後輩を持つ：後輩の授業見学，後輩からの質問，会議で意見を言わない後輩<br>• わかるふりをする同僚教師<br>• 職場：評価方法の統一，日系企業への就職 | • 研修<br>• 大学院 | • 大学の日本語専攻に日本語教育の授業がない現状<br>• IT 技術の進歩 |
| 調査4<br>2014年2月 | • 学生時代の経験<br>• 学習者の気持ちを忘れている自分<br>• 経験を積むことによる余裕<br>• タイの日本語教育の発展への意識 | • 成功・失敗体験<br>• 同僚の授業見学 | • 学習者の反応<br>• 相談に来る学習者<br>• 問題のある学習者<br>• 学習者の他の教師への不満 | • 同僚の授業見学<br>• 後輩を持つ：自分で調べないで質問に来る後輩<br>• 職場：教師同士の情報交換，日系企業への就職，NTとの協働，チームティーチング | • 研修<br>• 大学院 | • 業績評価（契約，昇進） |
| 2014年　大学院修了 | | | | | | |
| 調査5<br>2014年8月 | • 学生時代の経験<br>• 日系企業勤務の経験 | • 成功・失敗体験 | • 学習者の反応<br>• 学習者からのコメント<br>• 問題のある学習者<br>• 教師より日本語力の高い学習者<br>• 学習者の他の教師への不満 | • コーディネーター<br>• 会議の議長<br>• 会議等の業務の多忙さ<br>• 同僚の授業<br>• 職場：チームティーチング，反省会，勉強会 | • 研修<br>• 大学院 | • IT 技術の進歩 |
| 2014年　初めてクラスを一人で担当（読解） | | | | | | |
| 調査6<br>2015年3月 | • 学生時代の経験<br>• 留学経験の不足<br>• 日系企業勤務の経験不足 | • 成功体験<br>• 初めてクラスを一人で担当（読解） | • 学習者の反応<br>• 学習者のコメント<br>• 問題のある学習者・教師より日本語力の高い学習者<br>• 学習者の他の教師への不満<br>• 日系企業に勤める卒業生 | • コーディネーター<br>• 会議の議長<br>• わかるふりをする同僚教師<br>• 職場：反省会，日系企業への就職，大学全体の指針 | | • 業績評価（契約，昇進）<br>• 国（タイ教育省）の方針<br>• IT 技術の進歩 |
| 2015年　初めてクラスを一人で担当（会話） | | | | | | |
| 調査7<br>2015年9月 | | • 初めてクラスを一人で担当（読解，ディスカッション・プレゼンテーション）<br>• 成功・失敗体験 | • 学習者の反応<br>• 学習者のコメント<br>• 教師依存の強いタイ人学習者<br>• 教師より日本語力の高い学習者 | • IT 技術の高い同僚教師<br>• 職場：反省会，大学全体の指針 | • 大学院 | • 業績評価（契約，昇進）<br>• 国（タイ教育省）の方針<br>• IT 技術の進歩 |

様々な学習者への対応等，授業や学習者に関する要因が広く挙がっている。調査３の前に教師Ａは大学院に入学し，職場でもコーディネーターになり，後輩も増えるが，それらの影響も調査３以降見られる。「後輩を持つ」に関連して「授業見学」が調査３，４の時期に現れるが，授業見学への意識は福永（2015）でも言及されていたものである。調査３以降は，初めて卒業生を出すという状況から，日系企業就職への意識が強く影響するようになる。また，近年のITの発展による影響は，先行研究では指摘されていなかったものである。星（2016a）がビリーフには社会的，政治的視点が存在するとしているが，本研究でも，調査４以降，大学全体の指針，業績評価との関連，教育省の方針等の社会的，政治的要因が認められた。

要因の中でも，調査６，７で見られたように，ある程度自分の授業ができるようになった頃に，初めて授業を１人で担当し，授業デザインを任されてゼロから授業を作り上げることは，それまでの教師経験の中で形成されたビリーフを強化したり変化させたり，あるいは，潜在化したビリーフが再び表面に現れる大きな要因となっていた。

一方，教師Ａ自身はF-upで，自分にとって大きな変化をもたらしたのは，大学院で様々な日本語教授理論（教授法，教案の書き方，教材分析）を学んだことだと述べている。継続して現れたビリーフの〈学習者の立場（学習者中心）〉〈研究〉は，大学院で学んだことの影響が語られており，教師Ａの中でこれらは強く意識されるビリーフになっている。

（10）F-up：学部生の時は教え方とか学んだことないですから，教師の世界に入って，自分の先生の教え方，真似をして教えて，でもほんとにいいかどうかわからないです。どうして先生はそのやり方で教えたのか，目的，わからないですね。大学院に入って，教授法を学んで，この教授法は何のためにとかわかって，修士の卒業後ですね，大きな変化があったと思います。

## 4-4　考　　察

本稿では，縦断的調査の結果からビリーフの形成・変容とそれに影響を与える様々な要因を明らかにした。本項では，２節で述べた３つの課題について考察したい。

まず，継続して現れ，長期に渡って保持されるコアビリーフは教師Ａにも存在することが明らかになった。また，先行研究でタイ人教師に共通に見られた「学習者への配慮」は，本研究においても学習者の立場に立つというビリーフとして出現し，コアビリーフとなっていた。教師Ａのコアビリーフは，「教師が一方的に教えるのでなく，色々な活動，面白い教材を取り入れ，効果的な方法・手段を模索して動機付けをし，文化も教えること，そして，そのような授業をスムーズに進め，目標を達成するために授業準備は重要であること，学習者の立場に立ち，意見を取り入れること，学習者主体で学習者が自分で学習するようにさせること，学習者をよく観察して問題解決すること，授業後には反省をし，目標達成のために改善すること，そして，教師自身には高い日本語力，研究する力が必要であること」であった。一旦出現しても表面には現れなくなるビリーフがある一方で，これらは常に言語化され，意識化されていた。教師Ａの場合は，実際に調査７の時点に筆者らのうち１名が見学した授業でも，指示や質問は日本語で出され，学生の発話が中心の活動や学生が調査した内容の発表が行われており，上記の意識と実践との齟齬は見られなかったことから，桜井（2002）の「マスターナラティブ」とは異なるものであることがわかる。山田・丸山（1993），山田（2014）などは，日本語教育との最初の関わり方によって形成されたビリーフは変化しにくいとしているが，教師Ａの場合も，調査１，２に現れたビリーフのほとんどがその後も出現していることから，本調査でもこの説は支持されているように見える。ただし，継続して現れるビリーフは，一度現れた後も，様々な要因からの刺激を受けることで，保持・強化されており，コアビリーフになるには，単に初期に形成されるという条件だけでなく，その後の継続的な刺激が必要だということが本調査からはうかがえた。

２つ目の課題である変容するビリーフについては，置かれている環境や立場によって具体的な内容は異なっていても実は同じ観点のビリーフとしてまとまっていると考えられるもの，一時的に現れるものがあった。ある時期に現れ，一時的に消えて，再び現れたものについては，消えたように見えても，必ずしも意識がなくなっているわけでなく，その状況が「普通」になることで表に出てこない場合があり，それは新たな刺激により，再び表面化していた。その際，

1人で新しい授業を担当し，授業デザインを任されることは，ビリーフを刺激する大きな要因となるようである。つまり，ある程度，自分の授業ができるようになった頃に，ゼロから授業を作り上げるという難しい仕事に取り組むことで，それまでのビリーフを強化したり，変化させたり，昔持っていたビリーフを喚起したりするきっかけになるのだと考えられる。さらに，出現してすぐに消え，再び現れることのなかったものもあった。これらのビリーフは，教師Aにとっての大きな変化により，一時的に現れたビリーフである。ただし，その後の語りに現れていなくても，そのビリーフが消滅したとは言えず，上述したように，強く意識していたものが，「普通」になって表に出なくなり，その後，特に大きな変化がなかったために潜在化した可能性もある。山田（2014），杉本（2014）が，当事者が現状に問題がないと思っている状態ではビリーフは変容しないと述べているが，教師Aがこれらのビリーフに言及しなかったのも現状に問題を感じておらず，潜在化しているビリーフが変容する要因が存在しなかったためだと推察される。しかし，継続的に意識に上って顕在化しているコアビリーフが，常に現状に問題があると思われているかというと，そうとは言えないであろう。では，常に顕在化するコアビリーフと潜在化する可能性のあるビリーフの違いは何であろうか。それを探るために，改めてビリーフの内容を見てみる。

コアビリーフと思われるものでは，〈授業準備〉〈効果的な教え方の方法・手段〉〈授業後の反省・改善〉は授業前，授業時，授業後の一連の流れの中に見られる授業設計に対する基本的姿勢，〈学習者に対する指導・助言・問題解決〉〈学習者の立場（学習者中心）〉〈動機付け〉は学習者に対する教師の姿勢の根幹を成すもの，〈高い日本語力〉〈研究〉は日本語教師の個人的能力を表すものである。一方，一時的に現れたビリーフの中で，〈教師が教えることは少なく〉〈学習者が自分で気がつく教え方〉〈答えられない時の素直な態度，わからないと言う勇気〉〈わかりやすい日本語で説明する〉〈日本語を使えるようになるために，話す練習をする〉などは，実際の教え方について述べたもの，〈わからない時には自分で調べる〉〈教師も学習者も学習態度に気をつけ，ルールを守る〉などは，教師として心掛ける具体的事柄，〈経験の浅い教師は先輩の授業見学をする〉〈問題があったら先輩教師に相談する〉は，教師としての成長のための具体的方策に関連するものである。出現したものが消えた理由として，教師Aは，同じ授業が繰り返されて落ち着いて形になり，普通にやっているからで，より大事なことが出てきたために言っていなかったと述べていた。そのことからわかるように，教師本人にとって「より大事なこと」が起こる可能性の低いもの，つまり，本人にとって常に重要だと意識されるものがコアビリーフとなり，ある時期においては「より大事なこと」が存在する可能性のあるものが「一時的に現れるビリーフ」になると考えられる。以上のことから，本研究で見られたコアビリーフは，授業をする上での基本的姿勢，学習者に対する教師の根本的姿勢，日本語教師の個人的能力を表すものであり，一方，消えたり現れたりして不安定に見えるビリーフの多くは，実際の授業場面での具体的な教え方のバリエーションや教師として心掛ける具体的事柄，教師としての成長の具体的方策に関連するもの，つまり，コアビリーフに比べると具体性の高いものであったと言える。これらの具体性の高いビリーフは，安田・サトウ(2012) の言う TLMG の第3層であるビリーフレベルに到達していても，ビリーフシステムの中に深く組み込まれていない可能性がある。しかし，実際の教え方について述べた〈面白い教え方・教材〉は継続して現れ，本調査においては例外的に，具体性の高いビリーフであるにもかかわらず，コアビリーフに組み込まれていると考えられる。この「面白さ」に対する意識は，教師Aの日本語教師像として特筆すべきものであろう。

3つ目の課題であるビリーフの形成・変容の要因については，表8-5にまとめた通りである。教師Aは，教師になった当初は，自分の先生の真似が本当にいいかわからないと思いながらもそれを実践しており，おそらくその時点で恩師の教え方がいいという確固たるビリーフにはなっていなかったと推察される。その後，大学院での学びが現場経験で得られたビリーフの見直しや強化，新しい視点につながったこと，つまり，実践が大学院での学びで理論に結びついたことで，ビリーフとして形成されたと言えるだろう。八田他（2012）は，研修前後で調査したものであるが，そこでは調査協力者である新人教師が研修で知識として学んだ内容を実践で活用していることや，研修前に持っていた問題意識が研修で刺激され，視野が広がったことなどが指摘されている。つまり，八田他（2012）が明らかにしたのは，現場での実践経験が乏しい時期に研修に参加した教師が，そこで得た新たな知識を実践につなげたり，課題解決に役立てたりする中でビリーフが変化するという姿であり，基本的には知識が実践に適用されてビリーフとなるというプロセスであった。本研究において，教師Aは大学院での学びから新たな知識を得ているが，その知識はそれまで漠然と実践していたものを理論化して，確固たるビリーフにするという役割を果たしており，実践が理論に結びつくことによってビリーフが形成されるという，八田他(2012) とは別のプロセスがあるということが明らかになった。

## 5. 本研究からの示唆と今後の課題

本研究では，教師Aの発話資料から可能な限り忠実にビリーフを抽出し，その形成・変容によるカテゴリー化を試みた。これまでの先行研究では，インタビューや質問紙に現れる顕在化したビリーフのみが対象になっていたが，本研究では，縦断的調査を行い，フォローアップインタビューで確認することにより，潜在化しているビリーフの存在を明らかにすることができた。また，本調査においては，基本的・根幹的なビリーフが長期間保持され，具体的な活動として表現されたビリーフが一時的なものに多いということがわかった。具体的なものも，より大きな括りの中でビリーフ同士の結びつきを考えれば，基本的・根幹的ビリーフとして捉えられる可能性もあるが，本研究の分析資料においては，それは見えてこなかった。今後は，なぜ長期間保持され，なぜ一時的になるのかということを，ビリーフ同士の結びつきを考察するなどして研究していく必要がある。

本研究からは，NNT と NT の協働や教師研修に対して，いくつかの示唆が得られた。まず，職場での反省会や授業見学がビリーフに影響を与える要因となっていることから，協働する教師たちが互いに授業見学をしたり，職場で反省会をしたりすることは，ビリーフに働きかけるのに有効であると言えるだろう。また，セミナーや研修も，特に新任の頃はその後のビリーフに少なからぬ影響を与えそうである。特に大きな影響を与えると思われるのは，大学院での学びと新しい授業の授業デザインである。これらは，それまでの教師経験の中で形成されたビリーフを強化したり変容させたり，あるいは，潜在化したビリーフが再び表面に現れる大きな要因となっている。そのため，たとえば，組織のリーダーは，ある程度経験を積んだ教師に対して新しいクラスを任せてみることで，その教師の気付きや成長を促すことになる可能性がある。

本稿では，タイの大学で教えるタイ人日本語教師Aを対象とした縦断的調査の結果について考察したが，今後は教師Aと同様に縦断的調査を行った3名の結果を分析し，ビリーフの形成，変容とその要因について探りたい。また，経験の長い教師に対して，過去のどのような経験・出来事がビリーフに影響を与えたかについて調査した結果とも比較するつもりである。

## 引用文献


Dufva, H. (2003). Beliefs in dialogue: A Bakhtinian view. In P. Kalaja, & A. M. F. Barcelos (Eds.), *Beliefs about SLA: New research approaches* (pp. 131-151). Netherlands: Kluwer Academic Publishers.

福永達士（2015）．タイ人日本語教師の教師認知――タイ中等教育機関におけるビリーフ調査から――国際交流基金バンコク日本文化センター日本語教育紀要，*12*，27-36.

古別府ひづる（2008）．タイにおけるタイ人日本語教師の良い日本語教師観――PAC分析と半構造化面接より――　国際交流基金バンコク日本文化センター日本語教育紀要，*5*，37-46.

Green, T. F. (1971). *The activities of teaching.* New York: McGraw-Hill.

八田直美・小澤伊久美・嶽肩志江・坪根由香里（2012）．ノンネイティブ新人日本語教師にとっての研修の意義――PAC分析によるタイ人新人日本語教師のビリーフ調査から――　国際交流基金日本語教育紀要，*8*，23-39.

星　摩美（2016a）．韓国中等教育日本語教師のビリーフの変化に関する研究：因子分析による縦断的変化の考察　金沢大学留学生センター紀要，*19*，37-55.

星　摩美（2016b）．韓国中等教育日本語教師の実践とビリーフ――変化とその要因を中心に――　日本語教育，*165*，89-103.

国際交流基金（2017）．海外の日本語教育の現状 2015年度日本語教育機関調査より集計表［CD-ROM］国際交流基金（2017年3月）

内藤哲雄（2002）．PAC分析実施法入門［改訂版］　ナカニシヤ出版

日本学生支援機構（2016）．平成27年度外国人留学生在籍状況調査等について――留学生受入れの概況――〈http://www.jasso.go.jp/about/statistics/intl_student/data2015.html〉（2017年2月27日）

日本語教育学会（2005）．新版　日本語教育事典　大修館書店

Pajares, M. F. (1992). Teacher's beliefs and educational research: Cleaning up a messy construct. *Review of Education Research, 63*(3), 307-332.

桜井　厚（2002）．インタビューの社会学：ライフストーリーの聞き方　せりか書房

杉本　香（2014）．授業改講と教師の成長のためのビリーフ研究――韓国中等教育における日本語教師と生徒を対象に――　慶尚大学校大学院博士学位論文

坪根由香里・小澤伊久美・八田直美（2015）．タイ人日本語教師Aのビリーフ――PAC分析による縦断的調査から――　2015年度日本語教育学会秋季大会予稿集，325-326.

坪根由香里・嶽肩志江・八田直美・小澤伊久美（2010）．PAC分析によるタイ人新人・経験日本語教師の「いい日本語教師」像の比較　2010世界日語教育大会予稿集

山田　泉・丸山敬介（1993）．日本語教師の自己開発――発想の転換と実践的能力の形成――　日本語学，*12*(3)，13-20.

山田智久（2014）．教師のビリーフの変化要因についての考察――二名の日本語教師へのPAC分析調査結果の比較から――　日本語教育，*157*，32-46.

安田裕子・サトウタツヤ（編著）（2012）．TEMでわかる人生の経路――質的研究の新展開　誠信書房

## 謝　辞

本研究は科研費25370608の助成を受けたものである。

※本章は，坪根由香里・八田直美・小澤伊久美（2017）．タイ人日本語教師Aのビリーフの形成と変容――PAC分析による縦断調査から　海外日本語教育研究，*4*，1-22.を再録したものである。

# 索 引

## 事項索引

### A to Z



### あ行



### か行

## さ行

## た行



## な行



## は行



## ま・や・ら行

## 人名・団体名索引

**編者**

PAC 分析学会

**執筆者一覧**

序　章　内藤　哲雄　信州大学名誉教授
　　　　　　　　　　明治学院大学国際平和研究所 研究員
第 1 章　土田　義郎　金沢工業大学建築学部 教授
第 2 章　今野　博信　室蘭工業大学 客員教授
第 3 章　土田　義郎　金沢工業大学建築学部 教授
第 4 章　野口　康彦　茨城大学人文社会学部 教授
第 5 章　小澤伊久美　国際基督教大学教養学部 課程上級准教授
　　　　坪根由香里　大阪観光大学観光学部 教授
　　　　嶽肩　志江　横浜国立大学・慶應義塾大学 非常勤講師
第 6 章　野口　康彦　茨城大学人文社会学部 教授
第 7 章　小澤伊久美　国際基督教大学教養学部 課程上級准教授
　　　　嶽肩　志江　横浜国立大学・慶應義塾大学 非常勤講師
　　　　坪根由香里　大阪観光大学観光学部 教授
第 8 章　坪根由香里　大阪観光大学観光学部 教授
　　　　小澤伊久美　国際基督教大学教養学部 課程上級准教授
　　　　八田　直美　専修大学国際コミュニケーション学部 特任教授

**PAC 分析：支援ツールでここまでできる**
**[PAC 分析研究・実践集 3]**

2022 年 9 月 10 日　初版第 1 刷発行　（定価はカヴァーに表示してあります）

編　者　PAC 分析学会
発行者　中西　良
発行所　株式会社ナカニシヤ出版
〒606-8161　京都市左京区一乗寺木ノ本町 15 番地
Telephone　075-723-0111
Facsimile　075-723-0095
Website　http://www.nakanishiya.co.jp/
E-mail　iihon-ippai@nakanishiya.co.jp
郵便振替　01030-0-13128

装幀＝白沢　正／印刷・製本＝創栄図書印刷株式会社

Printed in Japan
ISBN978-4-7795-1672-6 C3011